TINA MODOTTI

Pino Cacucci

TINA MODOTTI

Traducción de Mercedes de Corral

CIRCE

Primera edición: Diciembre, 1995

Título original: «*Tina*»
© First published by Interno Giallo, s.r.l., Milán 1991
© de la traducción: Mercedes de Corral, 1992
© de la presente edición: CIRCE Ediciones, S.A.
                          Diagonal, 459
                          08036 Barcelona

ISBN: 84-7765-117-5

Depósito legal: B. 47.541-1995
Fotocomposición gama, s.a.
Arístides Maillol, 3, 1.º, 1.ª
08028 Barcelona
Impresión: Tesys, S.A.
C/. Manso, 15-17
08015 Barcelona

Impreso en España

Derechos exclusivos de edición en español para todos los
países del mundo.

Diseño gráfico: Vilaseca / Altarriba Associats
Ilustración p. 2: Mujer con una bandera negra anarco-sindica-
                  lista, Tina Modotti, 1927

Capítulo 1

Es la noche del 10 de enero de 1929. Falta muy poco para que den las diez. El corazón de la capital mexicana está desierto. Por el inmenso vial del Paseo de la Reforma pasan silenciosos los escasos coches. Sólo se ven algunos transeúntes ateridos de frío y un último borracho que echa pestes contra una cantina cerrada.

Un grupo de perros vagabundos atraviesa la calle Abraham Gonzáles, titubeando a causa de la luz que sale de la panadería. Rebuscan en un montón de basura en el cruce con Morelos. El cabecilla del grupo se pone en guardia. Olfatea el viento seco, gélido. Mira hacia el fondo de la calle y ve tres figuras que avanzan en la oscuridad. Hace un gesto imperceptible y los otros cinco lo siguen hasta un claro de desperdicios, al resguardo de la luz hostil de los faroles. Dos muchachos se asoman a un portal, cogen algunas piedras y las lanzan riendo, pero los perros ya están lejos. Después vuelven a sentarse en el umbral, en espera de que la noche ofrezca un motivo para huir de la mísera habitación situada al fondo del patio.

Dos hombres y una mujer. Uno es joven, alto, atlético, con el paso seguro. El otro es más bajo, retraído, su rostro está oculto por un sombrero de fieltro de ala ancha. Discuten, maldicen. La mujer es bajita, grácil, tiene el rostro pálido y la mirada melancólica. Los dos chicos la observan, se cruzan una mirada de complicidad. «Tá guapísima» murmura el mayor con tono de experto. Sí, piensa el otro, es muy guapa. Debe de ser extranjera. Y también los dos hombres. O tal vez no. Quizá el del sombrero sea mexicano. La luz del farol deja ver por un momento el bigote negro y los ojos oscuros de este último.

El panadero se seca el sudor, da algunos pasos hacia la puerta. Respira profundamente el aire límpido, fresco. Cuando está a punto de volverse, algo llama su atención. Tres figuras discuten intentando contener el tono de la voz en medio de la calle.

Oye algunas palabras airadas, imposibles de descifrar a causa del viento, que enseguida las dispersa. El hombre con el sombrero negro se lleva una mano a la cintura. El otro inicia un brusco movimiento instintivo, pero la incredulidad parece paralizarlo. Un disparo, el fogonazo agrandado por la oscuridad. El joven alto se contrae, vacila, pero su musculoso cuerpo lo sostiene, le da fuerzas para lanzarse hacia las paredes de las casas en búsqueda de un refugio imposible. Un segundo disparo. Cae de rodillas, se vuelve a levantar, camina tambaleándose algunos metros. Después parece debilitarse, bracea buscando un apoyo en el vacío.

La mujer se ha quedado inmóvil bajo la luz del farol, petrificada, con una expresión de aterrorizado estupor. Transcurren unos segundos interminables, eternos. Sólo ahora, al ver al joven encogido sobre el empedrado, con las manos apretadas contra el pecho, siente que la sangre le vuelve a fluir y da un primer paso inseguro, tembloroso. Mira a su alrededor, con bruscos movimientos frenéticos. El hombre del sombrero ha desaparecido. Ella corre hacia delante, cae de rodillas, coge el rostro de su compañero, lo acaricia levemente, le aprieta la mano ensangrentada que continúa buscando un apoyo para volver a levantarse.

–Tina... me estoy muriendo, Tina...

La mujer le besa los labios, la frente, le pasa la mano por los cabellos espesos, rizados. Ve sus propias lágrimas caer sobre las mejillas del hombre, dice con voz ahogada:

–No, Julio... eres demasiado joven... no puedes morir así...

Él intenta desesperadamente seguir hablando, pero siente los pulmones duros como piedras y la garganta paralizada por el frío, un frío que se ha llevado sus piernas ahora insensibles y le está subiendo hacia el corazón. Abre los ojos, la atrae hacia sí con violencia, busca su cara donde intuye sólo una claridad opaca. Ella se inclina, lo acaricia levemente, hace un gesto afirmativo, lo tranquiliza acerca de esa muda petición de silencio que le está implorando.

Capítulo 2

El hombre que está detrás del escritorio estudia atentamente el panfleto. Ya lo ha leído muchas veces, pero continúa ojeando las frases amenazadoras, haciendo un gesto con la cabeza.

—No han perdido el tiempo —dice en voz baja.

El otro deja de exfoliar los expedientes, se quita las gafas y dice:

—La movilización ya ha comenzado, y si detenemos a esa... puedes imaginar las consecuencias.

El primero asiente, suspira. Después se dirige al soldado:

—Está bien, hágala pasar.

Dos agentes uniformados acompañan a la mujer; le señalan la silla. Tiene profundas ojeras, la tez terrosa y unas arrugas como cicatrices en las comisuras de la boca y alrededor de los párpados. Es difícil identificarla con la joven de la noche anterior. En unas pocas horas parece haber envejecido muchos años.

—Soy el juez Alfredo Pino Camara, de la Segunda sección penal —dice el hombre levantándose. Y, dando la vuelta al escritorio, señala al otro hombre.

—Mi ayudante, el doctor Alfonso Casamadrid.

Éste hace un conato de reverencia, levantándose apenas del sillón.

—Su filiación, por favor.

—Tina Modotti... —murmura la mujer sin apartar la mirada del cielo que llena la gran ventana.

El juez se acerca. Cuando ella por fin le mira a los ojos, coge un papel del escritorio y le pregunta en un tono ambiguo:

—¿Por qué declaró ayer que se llamaba Rose Smith Santarini?

La mujer le sostiene la mirada, pero no responde.

—Está bien —dice el juez alejándose a sus espaldas.

—Puedo entenderla. Usted está comprometida en actividades políticas; actividades que mi Gobierno hasta ahora ha compartido, o al menos tolerado. El México revolucionario ofrece su hospitalidad a todos, sin distinciones. Y apoya la lucha de los pueblos de América contra el colonialismo...

Hace una pausa, para volver a situarse delante de ella y mirarla a la cara.

—Y si fuera verdad todo lo que sus compañeros sostienen, estaríamos dispuestos a condenar firmemente al Gobierno cubano del general Machado. Pero...

El juez cruza los brazos y la mira fijamente de arriba abajo.

—Pero... por desgracia tenemos algunas dudas sobre la versión política de este asesinato.

La mujer hace un imperceptible gesto de desafío. Está a punto de decir algo, pero al final se reprime. El juez coge un gran sobre y desata con estudiada lentitud la cinta con la que está cerrado. Saca la Colt 45 modelo 1911, y la sopesa en la palma de la mano.

–¿Reconoce esta pistola?

Ella hace un gesto afirmativo. Suspira profundamente, alza el rostro y mira la pesada automática.

–La han cogido de mi apartamento esta mañana –dice– cuando me han detenido.

–Señora Modotti, usted no está detenida –se apresura a corregirla el juez. Después añade–. Siempre que esté dispuesta a colaborar...

–¿Qué quieren saber de mí?

–Sólo una relación detallada de los hechos. Nada más.

La mujer dirige de nuevo la vista hacia la ventana. Mira fijamente al vacío durante algunos instantes. Después cierra los ojos, suspira y comienza a hablar con una voz débil, exhausta.

–Estábamos volviendo a casa... ya casi habíamos llegado. Nosotros... yo, vivo en el 31... Salió detrás de nosotros, no lo vi bien, sólo oí los disparos, y... y después Julio cayó, y me arrojé sobre él...

–¿Quiere decir que abrieron fuego desde un coche en marcha? –interviene el ayudante.

La mujer asiente. Después de un largo silencio, añade:

–Pero no sabría decirles qué coche era... en esos momentos todo fue tan confuso... Aquel lugar estaba a oscuras, y y...

–En resumidas cuentas, si he entendido bien... –la interrumpe el juez– iba caminando al lado de la víctima, el señor Mella, y con ustedes no había nadie más... ¿Es así?

Ella lo escruta emergiendo de la niebla de dolor que la envuelve. Frunce el ceño y dice:

–Claro... que no había nadie más. No comprendo...

El juez la mira fijamente durante un largo momento. Después cruza una mirada con su ayudante, y parece hacerle un gesto para que atienda. Pregunta:

11

—En el momento del delito, ¿caminaba junto a la víctima, o iba a unos pasos de ella?

—Iba cogida de su brazo —responde ella arrastrando cansadamente las palabras.

—Ah, bien... entonces, muy cerca. ¿Y de qué lado?

La mujer parece querer enfocar la imagen del hombre que la está interrogando, como si cada pregunta la arrancase de la lejanía en la que se ha refugiado. Se mira una mano y después la otra, y dice:

—El izquierdo, creo... sí, estaba a su izquierda.

—A su izquierda —repite el juez asintiendo—: ¿Y de dónde venían?

—De Reforma... y en el cruce con Morelos, ocurrió...

Se detiene, notando la expresión de disgusto del juez. Es una desilusión afectada, seguramente falsa. También el ayudante, que ahora parece haber recibido la invisible orden que esperaba, hace un gesto de pesar con la cabeza. Coge un folio y se lo da a la mujer.

—Por favor, señora Modotti, ¿quiere examinar *esto*?

Es la declaración de Anacleto Rodríguez y José Flores, menores de edad, domiciliados en el número 22 de Abraham Gonzáles, que afirman haber visto a tres personas, dos hombres y una mujer, venir desde Bucareli discutiendo animadamente. Después uno de los dos habría disparado al otro, desapareciendo a pie.

—Entonces, señora Modotti, ¿venían de Reforma o de Bucareli? —pregunta el juez abandonando improvisadamente la expresión de pena.

—No sé... me parecía que de Reforma, pero qué importancia...

—Es *muy* importante, en cambio —la apremia el juez—. Porque, ve, me resulta muy difícil entender cómo podía encontrarse a la izquierda de la víctima y que no viera a la persona que disparó... considerando que uno de los disparos le traspasó el brazo izquierdo a Mella. Es decir, del que usted iba cogida, como acaba de declarar. Si hubieran abierto fuego en ese momento, usted debería haberlos visto. O bien... El asesino disparó cuando la víctima ya estaba corriendo tratando de escapar, lo que excluiría absolutamente la sorpresa.

El juez y la acusada se miran fijamente. Ninguno de los dos baja la vista.

—Así pues, señora Modotti: si venía de Bucareli, y se encontraba en el lado este de la calle Abraham Gonzáles, el coche debería haber pasado a su derecha. Y la víctima resulta haber sido disparada desde la izquierda. ¿Quiere decirme ahora quién ha asesinado a Julio Antonio Mella y por qué?

La mujer baja la vista. Pero en su rostro no aparece ningún indicio de resignación. En voz baja, casi en un susurro, declara:

—Yo no conozco al asesino de Julio. Y esos dos chicos han declarado en falso. No tengo nada más que añadir.

El juez Alfredo Pino Camara dicta una orden de libertad condicional contra Tina, que en la práctica es obligada al arresto domiciliario, vigilada constantemente por dos agentes.

La autopsia del cadáver de Mella establece que el primero de los tiros le ha atravesado el brazo izquierdo a la altura del codo, penetrando en el intestino, y el segundo le ha perforado un pulmón. Han sido disparados por alguien que se encontraba a sus espaldas, causándole la muerte pocas horas más tarde, cuando intentaban extraerle las balas en la sección de urgencias del Hospital Juárez. Los peritos balísticos no albergan dudas: las balas son de calibre 38 y seguramente han sido disparadas con un revólver y no con una automática, teniendo en cuenta que no se han encontrado los cartuchos. En ese momento pierde importancia el hallazgo de la Colt 45 en el domicilio de Tina. Pero un nuevo testigo viene a reforzar las sospechas de los interrogadores: Luis Herberiche, emigrado alemán que dirige una panadería en la calle Abraham Gonzáles, confirma todo lo que los chicos han declarado y añade detalles aún más concretos sobre el hombre al que había visto discutir animadamente con Mella. En el careo con Tina, declara: «No tengo ningún motivo para mentir ni para engañar a la justicia. Soy un comerciante al que no le gusta verse mezclado en estos asuntos. Si por mí hubiera sido, no habría venido nunca a testificar. Pero lo que he dicho es la verdad, y lo sostengo. Siento desmentir a la señora. Me veo envuelto en esta situación, y seguramente tendré que dejar el trabajo...»

Mientras tanto, los periódicos se arrojan sobre la vida privada de Tina, centrándose únicamente en los aspectos que pueden escandalizar. El *Excelsior*, uno de los diarios de más tirada, consigue unas fotos en las que Tina aparece completamente desnuda. Para la moral de la época, equivale a una condena irreversible.

Hemos examinado dos fotografías que son una auténtica revelación: la primera de Julio Antonio Mella, la segunda de Tina Modotti, su amante. Ambas representan a estos individuos completamente desnudos, en una postura indecorosa que sería plausible si se tratase de personas desvergonzadas e infames, no de un «apóstol del comunismo», de un «redentor del pueblo», y de su ninfa Egeria, guía, inspiradora y musa del «fulgor revolucionario». Y este dato —sólo éste— bastaría, entre personas decentes, para privar a Mella de los honores póstumos y relegar a su concubina a la categoría de esa clase de mujeres que venden el amor y alquilan su propio cuerpo.

Los medios de información apoyan sin vacilar la tesis del homicidio pasional. Para confirmar su conducta inmoral y «promiscua» se publican unas cartas de Tina a Xavier Guerrero, dirigente comunista mexicano con quien había tenido una anterior relación antes de que él se marchara a Moscú. Se exaltan su belleza y los modales fríos y despreciativos que tiene con los interrogadores. Se pide a voces que la justicia la obligue a revelar todo lo que sabe, y, paralelamente, se aprovechan de lo sucedido para lanzar una campaña contra los refugiados políticos y los «agentes del comunismo» que crean desorden en la capital.

A todo esto responde una febril movilización de la izquierda mexicana, que acusa abiertamente al dictador cubano Gerardo Machado de ser él quien ha ordenado el asesinato, y rebate una tras otra todas las acusaciones contra Tina, sosteniendo que se trata de un montaje sin precedentes, destinado a hacer culpable del crimen al movimiento revolucionario y a expulsar a los refugiados, que tienen en México una base segura de apoyo popular e institucional. El Gobierno mexicano se encuentra en un grave aprieto: por un lado, el embajador cubano Mascaró eleva una protesta formal por lo que él define como «difamantes acusaciones carentes de fundamento contra el gobierno de un país amigo» y, por otro, se da cuenta de que está en juego el principio inalienable de hospitalidad a los refugiados políticos de cualquier credo y país, derecho fundamental ratificado por las leyes del México revolucionario.

La entrada en acción de Diego Rivera, artista venerado en los ambientes intelectuales y con un gran carisma popular, hace la situación aún más delicada. Rivera acusa a la policía de perder un tiempo precioso con sus desvaríos acerca del homicidio pasional, danto tiempo a los autores del crimen a hacer desaparecer las posibles pruebas. Defiende el honor y la respetabilidad de Tina acometiendo contra la bajeza moral de cierta prensa amarilla; y en lo que se refiere a las fotos «indecentes», va personalmente a la redacción del *Excelsior* y pide ver al director, Rodrigo De Llano.

Algunos desnudos fotográficos encontrados en la casa de la señora Modotti han sido usados por un editorialista suyo como base para calificar a la susodicha señora y a Julio Antonio Mella con epítetos que para mí son un insulto a la memoria de un muerto y a una mujer que actualmente no está en condiciones de defenderse.

Además, este ataque inaudito representa un precedente gravísimo para el libre ejercicio profesional de todos los trabajadores del campo artístico, desde la escultura y la pintura hasta la danza y el teatro. Es absurdo calificar como inmoral el desnudo, pues en ese caso deberían ser condenadas al menos el cincuenta por ciento de las obras artísticas más bellas de todo el mundo.

Las fotografías que muestran a Tina Modotti desnuda son obra del maestro Edward Weston, reconocido como uno de los mejores artistas en su campo. La señora Modotti ha posado para él en calidad de modelo profesional. En cuanto a la foto de Julio Antonio Mella, es de hace varios años, de cuando se inscribió en el círculo atlético de remeros de La Habana. Mella fue uno de los mejores remeros deportivos de esa ciudad, y en la foto aparece desnudo en la puerta de una ducha, porque el reglamento lo prescribía para poder inscribirse.

Tina Modotti también ha posado para mí, y si

necesita otra imagen suya sin vestidos, ¡vaya a fotografiar mi mural de la Universidad de Chapingo!

En efecto, la figura de Tina encarnaba *La Tierra*, el fresco que todavía hoy se conserva en Chapingo. Había posado para Diego Rivera también en otras obras, como la del Palacio Nacional, donde está retratada en el gesto de distribuir fusiles a los rebeldes. El *Excelsior* no se atreve a enemistarse con un personaje tan famoso y querido como Rivera, y al día siguiente publica su declaración casi por entero.

Pero la imagen de Tina, defendida con tanto fervor por el pintor muralista, es mancillada posteriormente por la aparición en escena de un hombre con muchos misterios y con actividades todo lo contrario a transparentes.

La policía ha encontrado en un bolsillo de Mella una tarjeta con un nombre y la indicación de una cita. Se trata del cubano José Magriñat, presunto prófugo de la dictadura considerado por los comunistas como espía de Machado y agente provocador. Según Tina, Magriñat había buscado a Mella para advertirle de un inminente atentado contra él. La cita había tenido lugar la misma tarde del 10 de enero, en la cantina La India, en la esquina entre las calles Bolívar y República del Salvador. Allí Magriñat había declarado a Mella que Cuba había enviado dos sicarios para matarlo, sin especificar cómo lo había sabido. El juez Alfredo Pino Camara ordena un careo entre Tina y Magriñat.

—Anote en el acta verbal: ambos testimonios concuerdan en declarar que no se conocían antes del día de hoy.

El juez alza la vista, mirando a Magriñat y después a Tina. Ella asiente llevándose el cigarrillo a los labios. No consigue ocultar el temblor de sus manos, y muestra un nerviosismo cada vez mayor ante la engreída actitud del cubano.

—Señor Magriñat: la testigo aquí presente sostiene que usted citó a la víctima en la cantina La India para advertirle de un complot contra él. ¿Confirma este detalle?

Magriñat echa la cabeza hacia atrás riéndose de una forma provocadora.

—¿Lo encuentra divertido, señor Magriñat?

El cubano se pone serio de improviso. Mira fijamente al juez y cruza los brazos sobre el pecho.

—En absoluto, Excelencia. Como mucho lo encuentro grotesco. Me reuní con Mella en La India, pero sólo porque él me había pedido que nos viéramos. La *señora* Modotti simplemente ha invertido los términos de la cuestión... y me pregunto qué interés puede tener en hacerlo.

Se vuelve hacia Tina, que evita su mirada.

—¿El motivo del encuentro? —pregunta el juez.

—Me pidió que enviara un cablegrama al periódico cubano *La Semana* desmintiendo que él hubiera ultrajado la bandera de nuestro país. Se trataba de un hecho sucedido hacía algún tiempo, un desagradable incidente durante una fiesta en la Embajada cubana de esta ciudad. El Gobierno de Cuba hizo sobre nosotros un montaje nacionalista, acusando a Mella de haber insultado y vilipendiado la bandera... Acepté ayudarlo, y le aseguré que haría lo posible para que fuera publicada su versión de los hechos.

El juez asiente y mira a Tina, que ha encendido otro cigarrillo. Por primera vez, la mujer manifiesta un malestar que contrasta con su habitual comportamiento cerrado y distante.

—Entonces, señor Magriñat, usted niega haberse referido a dos sicarios enviados por el presidente Machado...

Magriñat hace un gesto de impaciencia, se da una palmada en las piernas e interrumpe al juez.

—¡¿Pero quién ha inventado tal tontería?! Es la primera vez que oigo hablar de eso.

—Me lo contó Julio inmediatamente después del encuentro —interviene Tina dirigiéndose al juez—. Y añadió que no quería dar demasiada importancia a las palabras de José Magriñat, porque lo consideraba un individuo poco fiable.

Magriñat se vuelve con un gesto lento y vulgar hacia Tina.

—¿No fiable? ¿Y desde qué punto de vista, *señora* Modotti? ¿Para qué fines?

Después vuelve a dirigirse al juez:

—Yo no tenía nada que ver con las actividades políticas del pobre Mella y de su amante... Si estoy aquí, es sólo porque me presté a ayudarlo, a petición suya. Mella me llamó por teléfono unos días antes, rogándome que nos viéramos porque quería pedirme un favor. Por desgracia no pude acudir a la cita; así que al día siguiente llamé al número que me había dejado; respondió una mujer que me dio una nueva cita.

El juez se dirige a Tina, que continúa moviéndose en la silla y torturándose las manos

—¿Es usted quien respondió al teléfono?

—No sé de qué habla... —responde Tina haciendo un gesto hacia Magriñat, pero sin mirarlo a la cara—. Jamás he recibido una llamada telefónica de ese tipo y nunca concerté ninguna cita para Julio.

—¿Tiene aún ese número, señor Magriñat?

—Lo siento —responde el cubano— no lo recuerdo, y he perdido el papel en el que lo había apuntado.

El juez se levanta.

—Bien, señores: es todo por hoy.

Dos agentes se encargan de vigilarla y de escoltarla hasta su apartamento. Magriñat no le quita los ojos de encima, haciendo gala de su seguridad.

–Señor Magriñat... –dice el juez deteniéndole en la puerta–. Debo pedirle que permanezca a nuestra disposición. No se aleje de la ciudad, y comuníquenos sus eventuales movimientos. Podría necesitar localizarle en cualquier momento.

Magriñat se encoge de hombros y sonríe.

–*Yo* no tengo nada que ocultar. Pero, por desgracia para ella, ya he referido todo lo que sabía sobre este asunto.

El cubano sale poniéndose el sombrero. En el pasillo, los periodistas se precipitan hacia él para entrevistarlo. Él se abre camino pidiendo cortésmente que lo dejen pasar, mientras los fotógrafos disparan ráfagas de flash. Todos le piden una declaración, le hacen preguntas y le ruegan que haga al menos un comentario.

En el portal, Magriñat se detiene y dice en voz alta:

–Todos saben que la mujer de Mella tenía una relación con otro hombre. Vayan a busarle a él si quieren saber algo más.

Se aleja bruscamente, sin dar tiempo a que nadie pida explicaciones sobre cuanto ha afirmado.

Los titulares del día siguiente vuelven a lanzar con fuerza la tesis del homicidio pasional.

La movilización a favor de Tina adquiere enseguida caracteres más generales, transformándose en una campaña contra la dictadura cubana y la policía mexicana, acusada de pagar a los testigos para ocultar la verdadera naturaleza del homicidio. Los funerales de Julio Antonio Mella se convierten en el pretexto para una gran manifestación, durante la cual se producen incidentes y tumultos. Para cargar contra los manifestantes se llega a emplear el cuerpo de bomberos, estructurado en realidad como una milicia gubernativa, que irrumpe en las manifestaciones a bordo de los camiones usando las mangueras y los mangos de las hachas.

Se presentan nuevos testigos para declarar a favor de Tina. La derecha da la vuelta a las acusaciones, sosteniendo que son militantes de izquierda a los que el partido comunista ha convencido para que declaren versiones en apoyo de sus tesis. Por otra parte, los interrogadores no pueden ignorar el testimonio de Rogelio Teurbe Tolón, joven refugiado cubano, que declara que a él también le habló Mella acerca del rumor de unos sicarios enviados para matarlo. Y añade que considera que Magriñat trabaja para el Gobierno del general Machado, acusándolo de ser el organizador del atentado.

Es decisivo el testimonio de Virginia Castaños, una mujer que vive en el número 19 de la calle Abraham Gonzáles. Declara que en la noche del 10 de enero, cuando estaba a punto de acostarse, oyó dos detonaciones. Al asomarse al balcón, vio a un joven correr en dirección a la avenida Morelos. Éste inmediatamente después cayó al suelo y fue socorrido por una mujer. Virginia Castaños afirma haberle oído gritar: «¡Que lo sepan todos! Me ha mandado asesinar el Gobierno de Cuba...»

La pista política vuelve a adquirir consistencia. El juez instructor revoca las restricciones sobre la libertad de Tina, y decide profundizar en algunos aspectos oscuros del personaje Magriñat. Los clientes de algunas cantinas frecuentadas por el cubano sostienen que le han oído hablar a menudo de «gente que hay que eliminar» con un par de individuos «sospechosos». No hay duda de que Magriñat está relacionado con actividades poco claras, una especie de parásito que se aprovecha del clima exasperado que existe dentro del círculo de los refugiados; pero resulta bastante raro que un «agente secreto» del dictador se deje llevar por ciertas fanfarronadas típicas de bar. De todas formas, en un siguiente interrogatorio, el cubano se contradice y el juez ordena su detención cautelar para impedir que contamine eventuales pruebas.

La prensa cambia repentinamente de objetivo. Dejada Tina de lado, Magriñat es el nuevo monstruo de primera página. Se dan a conocer detalles repugnantes de su persona, como, por ejemplo, que exigía «prestaciones a las mujeres de los hombres a los que hacía favores», se ahonda en los aspectos más vulgares de algunos de sus comportamientos, y de nuevo se aleja la verdad al centrarse en la conducta inmoral de un acusado y no en las pruebas que existen en su contra.

Las investigaciones se detienen a las pocas semanas. Magriñat es liberado, todos los testigos de ambas partes siguen manteniéndose firmes en sus posturas y nada nuevo emerge. La crisis en las relaciones con el Gobierno cubano y la creciente protesta contra la policía mexicana imponen que al menos una cabeza caiga: el responsable de la Comisión de Seguridad, Valente Quintana, es cesado en su cargo.

La Prensa es el último periódico que se interesa por el asunto, entrevistando a Tina para remarcar que ha sido el único medio informativo que ha respetado su persona incluso «en los momentos más límites de la situación».

Tina Modotti, después de los días de angustia que ha sufrido por la pérdida del hombre que, según sus mismas palabras, significaba para ella el amor más grande de su vida, y después de haber soportado la impertinencia de los interrogatorios judiciales, y sobre todo de los periodistas y de los fotógrafos, ha vuelto a su vida de antes; es decir, a su labor como fotógrafa, buscando alivio a sus penas en el trabajo que la esperaba en su estudio fotográfico. La encontramos en el número 31, atareada y absorta en examinar los negativos. Vistiendo con modestia y con la cara casi sin maquillar, con los cabellos brillantes recogidos hacia detrás, va de un lado a otro, cogiendo aquí una probeta, ajustando allí un negativo. Nos pide perdón por no atendernos debidamente, pero para ella son momentos de intensa actividad y le urge terminar un delicado trabajo. Al salir de la casa, donde hemos observado un ambiente bohemio, nos informan de que Tina Modotti ha encargado a un abogado que denuncie a un periódico de la mañana por haber ofendido directamente su reputación al describirla como una mujer de la calle. Tina exhibirá ante el juez las fotografías en las que aparece desnuda para demostrar que no se trata de postales pornográficas, sino de estudios artísticos.

Capítulo 3

Asunta Adelaide Luigia Modotti nace en Udine el 17 de agosto de 1896; es la segunda de cuatro hermanas y dos hermanos. Su padre, Giuseppe, mantiene a la numerosa familia por medio de su trabajo como albañil, trasladándose durante largos períodos a Austria cuando no encuentra empleo en Friuli. Los seis hijos ayudan como pueden a su madre realizando trabajos esporádicos, hasta que el padre se los lleva con él a Austria. De ideas socialistas, Giuseppe Modotti participa en manifestaciones y reuniones, y entre los recuerdos más vivos de su infancia, Tina conservará siempre el de las grandes manifestaciones del 1 de mayo: un mar de cabezas y banderas rojas, vistas desde lo alto de los hombros de su padre.

Cuando vuelven a Udine, Tina tiene nueve años. Su obsesión sigue siendo la misma: conseguir algo para cenar y un poco de leña para calentar la mísera casa. Tina abandona la escuela después de los exámenes de tercero elemental, y comienza a ayudar a su madre en sus ocasionales trabajos de modista. A los doce años consigue que la contraten en las hilerías Raiser, en los suburbios de Udine. Su hermana

Yolanda la recordará desde entonces con la expresión melancólica y la mirada resignada, la única de los hijos que nunca se lamenta por la escasa comida y el frío.

Giuseppe Modotti decide entonces aventurarse en los Estados Unidos, espejismo normal para el subproletariado italiano de principios de siglo. Llega a San Francisco con la primogénita, Mercedes, y realiza todo tipo de actividades para mandar a su familia el dinero suficiente para pagar el futuro viaje. Tina no espera mucho tiempo, y en 1913 se embarca sola en un barco de mercancías atestado de emigrantes. Tiene diecisiete años y, después de llevar sólo una semana en San Francisco, encuentra trabajo como obrera en una fábrica textil. Alrededor de ella crecen y se consolidan los grandes movimientos sindicalistas de la época. Los Industrial Workers of the World organizan la resistencia contra las bandas armadas de los patronos y convocan huelgas en las que participan miles de trabajadores. Los Ángeles y San Francisco se convierten en las fortalezas de la oposición contra la violencia represiva. Desde la industria textil asciende la oleada de huelgas que, desde Massachusetts, se extiende por todo el país.

San Francisco, además, está llena de fermentos culturales y artísticos que la distinguen de cualquier otra ciudad americana. Al no haber sido fundada por los protestantes anglosajones, se desarrolla sin influencias puritanas, al ritmo de una gran ciudad europea donde se concentran personalidades originales y sin prejuicios que favorecen las innovaciones radicales y una saludable indiferencia hacia la moralidad convencional.

Tina comienza a frecuentar los círculos obreros y los grupos teatrales del barrio italiano. Pronto deja la fábrica y consigue mantenerse trabajando como modista en su casa. Esto le permite tener más tiempo para dedicarse a la pequeña compañía teatral de aficionados, donde se distingue por la pasión que transmite interpretando. En el escenario parece transformarse, y el contraste se acentúa aún más por su carácter esquivo y taciturno, envuelto en ese impalpable velo de melancolía que no la abandona nunca.

La responsabilidad que siente hacia la familia no le impide emplear cada minuto de su tiempo libre, asistiendo a debates, reuniones, exposiciones; en una progresiva espiral de iniciativas y nuevos conocimientos. La inquietud y la necesidad de independencia la llevan a rozar todas las situaciones sin dejarse implicar totalmente en ellas; todo le interesa pero nada la satisface. El teatro continúa atrayéndola, pero no más que otras actividades. Siente que tiene que franquear el muro del gueto, realizar ese salto que la libere de una vida cotidiana formada por los miles de trabajos precarios que tiene que realizar para sobrevivir y fragmentos de pasiones en los ratos de ocio.

En la exposición internacional Pan Pacific de 1915, Tina conoce al pintor y poeta Roubaix de l'Abrie Richey, al que todos llaman Robo; es originario de Quebec y reside en Los Ángeles. Robo es alto, delgadísimo, de rostro afilado y cabello largo, bigotes y ojos negros y la mirada perdida en un mundo imaginario del que excluye incluso a los amigos más íntimos. Se enamora de Tina por su belleza triste, por su carácter indescifrable, porque advierte en ella ese mismo malestar vago y sutil que hace que él se sienta un extraño dentro de la vida.

Pasarán dos años antes de que Tina tome la decisión de cortar los lazos con el microcosmos protector e inmovilizado del barrio italiano de San Francisco. Casarse con Robo es también una forma de salir de él sin huir. Quiere a aquel hombre y tal vez podría incluso amarlo si consiguiera superar la invisible barrera de vacío que él interpone entre sí y el mundo, si pudiera romper el capullo en el que se encierra cada vez que siente que a causa de su sensibilidad puede resultar herido.

En la gran casa de Los Ángeles, Tina continúa trabajando como modista, pero ahora la libertad económica le permite crear modelos, dejar libre la fantasía en el modo de cortar una tela y combinar los colores. El estudio de Robo es un lugar de encuentro de artistas y escritores radicales, un perenne ir y venir de personajes en búsqueda de algo que no saben definir, pero que en cualquier caso echan en falta.

Los Ángeles vive la posguerra como exasperación de los contrastes, el cortocircuito entre el conservadurismo y la frenética búsqueda de nuevos valores. En el jardín de Robo tienen lugar acaloradas discusiones sobre el socialismo y sobre la revolución, pero también sobre la libertad sexual y la independencia individual como requisito fundamental para la expresión artística y política. Los enfervorizados ataques a la moral vigente se mezclan con la curiosidad por las filosofías orientales y los límites de la percepción; a las tesis marxistas y a la fascinación por los ideales anarquistas se superponen el interés por el psicoanálisis y la crisis de la religión cristiana. Para ellos, cambiar el mundo no significa sólo rechazar un poder o un gobierno, sino sobre todo transformarse a sí mismos y poner en práctica aquello en lo que se cree. También las relaciones cerradas, el mismo principio de pareja, se resquebrajan ante la duda de su ineludibilidad.

Tina ya no se contenta con dedicarse el día entero a las telas y a la máquina de coser. Ahora es consciente de la fascinación que ejerce su belleza en todos aquellos que se le acercan. El ambiente que frecuenta aumenta en ella la necesidad de afirmarse individualmente, y decide explotar la experiencia teatral para concretar un sueño acariciado desde hace tiempo. Hollywood está a pocos pasos, y todos los días se realizan pruebas para lanzar a nuevas estrellas.

Tina se queda asombrada de la facilidad con que se le abren las puertas de la Meca del cine. Tal vez se lo deba también a Rodolfo Valentino, cuyo éxito desmesurado hace que los productores vean en cualquier «belleza italiana» una segura fuente de ganancias. Al principio se dedica con todas sus fuerzas a aquel singular modo de interpretar sin recurrir al poder del texto y de la palabra, haciéndose ilusiones de que los directores y los productores del cine mudo noten su expresividad dramática y su desenvoltura en las tablas. Pero en realidad es su cuerpo el que supera las pruebas. La visten de gitana, de odalisca, le ofrecen papeles de mujer fatal y amante voluptuosa. En 1920 rueda varias películas; en una de ellas aparece desnuda, envuelta en un velo de encaje que le deja al descubierto un seno. «Flexible, de curvas suaves, su forma de andar es lenta y armoniosa y sus ojos de un negro ardiente...», así la describen en la época; y en el programa de mano de *The tiger's coat* se subraya «el encanto exótico de Tina Modotti». Interpreta papeles análogos en *Riding with death* y *I can explain*, pero la ambición no bastará para hacerle aceptar otras ofertas de guiones escritos a medida de su físico. El cine será sólo un paréntesis en su vida. No se arrepiente de ello, pero prefiere olvidarlo. Más divertida que desilusionada, las raras veces que vea una película suya, lo hará para reírse de ella con sus amigos.

También 1920 es el año en que la familia Modotti vuelve a reunirse: la madre se traslada a San Francisco con sus hijos Benvenuto, Giuseppe y Yolanda. Sólo Valentina se queda en Udine. En 1917 ha mantenido relaciones con un soldado, a consecuencia de las cuáles ha tenido un hijo, Tullio. Pero del hombre, que había vuelto al frente, no ha sabido nada al acabar la guerra. Valentina decide quedarse en Italia; tal vez con la ilusión de que un día el padre del niño aparezca...

Una vez abandonada la interpretación, Tina siente la necesidad de encontrar otras formas expresivas para su instinto creativo. La fotografía es un arte aún joven, en el cual la experimentación y la investigación son campos que están todavía por explorar. Entre los asiduos del estudio de Robo se encuentra Edward Weston, que ya es considerado como un maestro de la imagen; su renombre es tal que puede permitirse rechazar los trabajos a comisión. Cuando conoce a Tina ha llegado a un punto crucial de su vida: no soportando el trabajo rutinario, asfixiado por las responsabilidades familiares, vive un momento de ansiosa indecisión. Se siente tentado por la idea de dejar a su mujer y a sus hijos para aventurarse hacia el Sur, atraído por el eco del México posrevolucionario. Y, mientras tanto, desahoga sobre sus amigos más íntimos su carácter extravagante que a menudo llega a lo neurótico. Pero posee también una energía magnética, un carisma indudablemente favorecido por ser el más comprendido y famoso del estrecho círculo de artistas que rodean a Robo. Tina se apasiona por las técnicas fotográficas, posa para él y, mientras tanto, pregunta, estudia, observa, no pierde una sola palabra durante los días que Weston le dedica por entero. La avidez con que se lanza a todas las actividades conquista la extremada sensibilidad de Weston. No sólo por su belleza, sino también por el natural ardor que Tina transmite, se enamora de ella de una forma tan total que le hace olvidar durante algunos días cualquier otra cosa. El sentimiento de culpa en relación a Robo, al que considera uno de sus mejores amigos, desaparece en la espasmódica espera de cada nuevo encuentro. Al principio se comportan como amantes clandestinos, pero enseguida a ambos les resultará imposible ocultar la evidencia. Bastan pocas horas de alejamiento para que enseguida se produzca un intercambio de cartas frenéticas, escritas con la pasión característica de los primeros días. Lo que antes era inquietud, en Tina se transforma en deseo atormentado.

Una noche después... Y durante todo el día siguiente he permanecido embriagada por el recuerdo de la noche transcurrida e invadida por su belleza y su locura. ¿Cómo conseguiré soportar la espera? He vuelto a leer tu carta y, como las otras veces, tengo los ojos llenos de lágrimas... Nunca hasta ahora había pensado que una carta, una simple hoja de papel, pudiera transmitir algo tan sublime, infundir sentimientos tan elevados... Tú les has dado un alma. Si pudiera estar junto a ti, en esta hora que amo tanto, intentaría decirte cuánta belleza ha enriquecido mi vida en estos últimos días. ¿Cuándo podré verte? Espero que me llames... Me basta con cerrar los ojos para sentirte aquí, con el sabor del vino en los labios y tu boca apretada contra la mía. Puedo revivir cada instante de nuestras horas, acariciarlas y tenerlas dulcemente dentro de mí como sueños frágiles y preciosos... Y ahora, al escribirte, me siento nuevamente vibrar por el deseo de besar tus ojos y tu boca. ¿Cómo podré esperar hasta el momento de volver a verte?

Así escribe a Weston en abril de 1921. La relación con Robo parece deshacerse en la sombra, asumiendo perfiles cada vez más vagos. Él se da cuenta de todo lo que está ocurriendo, pero su naturaleza pasiva y ese estar constantemente al lado de las cosas, rozándolas sin mediar en ellas, lo llevan a vivir otra vez separado del resto del mundo. Tina encuentra en Weston exactamente lo contrario: la impetuosidad anticonformista, el contraste entre la dulzura de su forma de hablar y los estallidos de furor cuando se tocan argumentos que lo apasionan, y los celos posesivos de que hace gala a pesar de todas las teorías discutidas hasta un momento antes. Ella tiene veinticinco años, y él treinta y cuatro. La figura de Robo, tímido y silencioso, se va desvaneciendo y se hace más impalpable frente al ímpetu de un hombre habituado a arrancar a la vida la más mínima concesión.

Al quedarse huérfano de madre a los cinco años, Edward Weston había crecido en el Middle West con su hermana mayor y su padre, que le regaló una cámara de fotos Bulls-Eye al cumplir dieciséis años. La decisión de sobrevivir con el precario trabajo de fotógrafo ambulante lo lleva a Chicago, y a continuación a Nevada y a California siguiendo a los supervisores de los ferrocarriles. Como Tina, conoce a fondo la lucha diaria contra la pobreza, y el éxito llega después de largos años de privaciones y de fe obstinada en el arte fotográfico. Pero cuando llega el momento de recoger los frutos, Weston siente un gran rechazo hacia las fotografías comerciales que las revistas de varios países le piden en grandes cantidades. El matrimonio con Flora May Chandler, una mujer con una educación convencional y con unas ideas completamente opuestas a las suyas, se resuelve en una unión de puro interés práctico debido a los cuatro hijos que tienen que criar. Las relaciones con otras mujeres son para Weston un síntoma de su creciente insatisfacción; sólo duran algunos días o semanas, pero contribuyen a destruir la relación con Flora. Sin embargo, el sentimiento de culpa hacia sus hijos, a los que adora, y que son para él un motivo de continuas reflexiones, le im-

pide dar el paso decisivo hacia ese viaje que ahora
ve como la única posibilidad de renovarse artística-
mente.

Edward, llena de ternura repito tu nombre, y
pronunciarlo, de algún modo, me acerca a ti en
esta noche en la que me encuentro sola, recordando. Ayer me leíste aquel magnífico libro, bebi-
mos y fumamos, y a esta misma hora nos envol-
vió la oscuridad... sólo su recuerdo me excita
hasta el extremo de producirme vértigo... Dime:
¿besaste realmente mi seno o lo he soñado?
Cuánta belleza, en esos momentos... El vino, los
libros, los cuadros, la música, las velas, los ojos
para mirarnos... y después la oscuridad, y los be-
sos... A veces temo no poder soportar un placer
tan grande, es algo que me atormenta, y de
pronto se me saltan las lágrimas, y vuelve la tristeza... Pero es esa melancolía que se asemeja a
una nueva forma de belleza... Sí, embriagarse de
deseo, anhelar satisfacerlo, y al mismo tiempo te-
merlo, postergarlo, tal vez sea la forma más sublime del amor...

Para Tina, la atracción física es seguramente el
factor desencadenante, pero la relación con Weston
significa sobre todo adquirir el dominio de un medio expresivo al que se entrega por entero y que la
fascina inmediatamente. Descubre en la fotografía
las sensaciones que hasta entonces había intuido sin
conseguir asir.
Robo vuelve definitivamente a la soledad en la
que en el fondo siempre ha vivido. El alejamiento
de la materialidad de las cosas es su condición exis-
tencial. Mientras los demás continúan hablando de
él en sus proyectos, comunica a Tina la decisión
de marcharse a México a finales de año. Y le dedica
una última poesía: «Tina es el rojo del vino, tan pre-

cioso que hay que dejarlo reposar con delicadeza para que se haga aún más precioso...»

México, imprevisiblemente, parece transformar a Robo. De las cartas que escribe a Weston emerge una nueva figura, un hombre ardiente lleno de interés que por fin consigue tocar y apresar los acontecimientos que le rodean. Define México como «tierra de los extremos», lo describe como un paraíso para la creatividad.

> Aquí hay pocas cosas que no emanen belleza. Hay más poesía en una figura solitaria que se apoya en la puerta de una *pulquería* al atardecer, o en una hija de los aztecas color cobre que amamanta a su criatura en una iglesia, que todo lo que podrías encontrar en Los Ángeles en los próximos diez años de vida... ¿Puedes imaginar una escuela de arte donde todo es gratuito para todos, sean mexicanos o extranjeros? Después de diez años de guerra y desventuras, es maravilloso ver lo que se está construyendo en esta tierra...

En las descripciones de los paisajes, de los rostros, de la naturaleza violenta y al mismo tiempo suave y atormentada, Robo transmite emociones nuevas. Y trata de convencer a Weston para que se reúna con él; lo hace con entusiasmo sincero, con la certeza de que su arte no puede perder una oportunidad así. Con Tina ya se ha puesto de acuerdo en que volverán a verse allí abajo, y vibra ante la idea de poder mostrarles todo lo que está viviendo. Sólo hace una breve alusión a la relación que se ha iniciado, como para querer tranquilizar al amigo de que nada puede ni debe cambiar el afecto que les une:

> Créeme, sigo siendo, como siempre, tu amigo Robo.

Pocos días después, el 9 de febrero de 1922, un repentino acceso de fiebre altísima, probablemente debida a la viruela, lo mata. En ese momento Tina cruza la frontera, en dirección a Ciudad de México.

Capítulo 4

...Un chico que ha desaparecido de un mundo al que no pertenecía.

Un chico con los ojos velados por los sueños, llenos de algo indefinido que está eternamente presente en los espíritus tan sensibles como para percibirlo...

Tina añade estas palabras en el libro en el que reúne todos los escritos de Robo, en recuerdo a un poeta de mirada huidiza, que se sentía infeliz entre la gente pero que era incapaz de herir a nadie, prefiriendo refugiarse en la sombra para no manifestar su enfermedad incurable.

Lo primero que conoce en Ciudad de México es el Panteón de Dolores, el inmenso cementerio situado en la periferia oeste de la capital. Se ha enterado de la muerte de Robo a través de un telegrama que le han entregado en el tren y ahora debe encargarse de todas las formalidades relativas a su entierro. Los amigos del joven artista no se separan de ella, incluidos aquellos a los que él acababa de conocer hacía pocas semanas. Lentamente, a medida que pasan los días, Tina se siente arrastrada por el ritmo convulsivo del país apenas resucitado y por el ardor con que todos participan en la construcción de una sociedad utópica. Ricardo Gómez Robledo, director del Ministerio de Bellas Artes, asiduo del estudio de Robo, le hace de guía en la espiral de iniciativas que crean en la metrópoli un clima de euforia electrizante. Artistas de todos los campos vuelven de las filas de los ejércitos guerrilleros o de su exilio en Europa, donde han asistido a los estragos de la Gran guerra. Apoyando los fusiles en la pared más cercana, dan vida a escuelas improvisadas, a talleres callejeros; los mismos campesinos pintan de vivos colores los tractores y las segadoras a vapor; las paredes de los edificios, cuarteles, iglesias y universidades se cubren de innumerables murales. Se respira un ambiente de gran excitación renovadora, de energía liberada, y todo parece esperar a ser comenzado, sin límites ni fronteras. Álvaro Obregón ha accedido a la presidencia y confía la secretaría del Ministerio de Educación a José Vasconcelos, que acaba de regresar de un exilio de cinco años. Vasconcelos cree vehementemente en el compromiso del artista en todos los aspectos de la vida social, y suprime todo tipo de censura o de presión ideológica. Ciudad de México se convierte en el foco de atracción de las vanguardias de todos los puntos del mundo.

Tina llega enseguida al convencimiento de que no puede volver a la vida muelle y superficial de Los Ángeles. Siente que aquí la existencia palpita con el mismo frenesí que ella advierte en su interior desde hace años: esa inquietud reprimida durante tanto tiempo dentro de una casa y un jardín cerrados, entre unos pocos elegidos, pero cuyo destino natural es la calle, el encuentro y el intercambio de emociones, y el vivir a fondo sin desperdiciar un solo segundo y sin mirar atrás.

Se ha traído algunas fotos realizadas por Weston. Comienza a enseñarlas, y se queda asombrada del súbito interés que despiertan. Los artistas mexicanos descubren la fuerza expresiva de la fotografía, dejan de considerarla como una pura forma de artesanía técnica. Se organiza una exposición y un número impresionante de personas se aglomeran para contemplar la obra de Weston.

Pero, otra vez, la muerte interviene para interrumpir el comienzo de una pasión suya. Su padre muere en San Francisco en marzo de 1922 y Tina vuelve a los Estados Unidos.

Durante más de un mes se dedica exclusivamente a su familia, absorbida de nuevo por los vínculos de los que había huido sólo temporalmente. La pérdida de Robo y de su padre en el espacio de dos meses, aumenta en ella los remordimientos y las indecisiones. Evita ver a Weston, y busca en la casa materna un refugio anestesiante para sus confusos sentimientos. Pero la fotografía consigue lentamente ganar terreno dentro de ella, llevándola a ponerse de nuevo en contacto con Johan Hagemeyer, un fotógrafo e intelectual anarquista, aparte de músico, íntimo amigo de Weston. Lo había conocido en agosto de 1921, y por una carta suya de septiembre de ese mismo año se intuye que la personalidad de Hagemeyer ha despertado en ella un interés fuera de lo común.

Con el pensamiento le he escrito al menos una docena de cartas, pero no he sido capaz de darles una forma concreta. La tarde que pasé con usted dejó en mí muchas impresiones profundas; hasta el punto de producirme esta confusión de pensamientos... Ahora estoy haciendo un gran esfuerzo para expresarle lo que siento, aunque sé que será en vano, porque no consigo explicarme ni siquiera a mí misma la razón de no haber vuelto a verle. ¿Ha sido por mi fuerza de voluntad o por cobardía? Tal vez me haya guiado el mismo sentimiento que llevó a Oscar Wilde a escribir: «Dos son las grandes tragedias en este mundo: no obtener lo que se desea, y obtenerlo. La segunda es sin duda la peor.» Y de este modo me fui, sin realizar el deseo de volver a escuchar, en su compañía, la *Nina* de Pergolesi...

Hagemeyer le había regalado ese disco, una de las obras menos conocidas de Pergolesi, que para ella parece ser la música de fondo ideal en los momentos de nostalgia de algo indefinible, el síntoma de una carencia que advierte y a la que no puede dar forma.

He estado dudando durante mucho tiempo entre escribirle o no, porque, al venir aquí, había decidido no ver a nadie aparte de mi familia. Pero el otro día, al encontrarme sola, sentí un imperioso deseo de volver a escuchar la *Nina*. Y así lo hice. Y mientras la escuchaba, la agitada vida de estos últimos meses se disolvía en el recuerdo de una noche, cuando por primera vez me asaltó esta música que desgarra el alma, dejándome quizá un poco triste, pero con el corazón más lleno. ¿Podrá, pues, repetirse lo que sentí la primera vez? Me temo que no. Pero la *Nina*, al menos, será la misma.

¿Puede mandarme una nota para decirme cuándo podré visitarle? Me quedaré aquí hasta Semana Santa. Me gusta este lugar, pero al mismo tiempo estoy ansiosa de dejarlo. Demasiados recuerdos para mí, que vivo constantemente en el pasado... La vida, como ha dicho George Moore, es bella en el momento, pero es muy triste si miramos hacia atrás. De todas formas, para mí la vida siempre es triste, pues incluso en el momento pre-

sente veo el pasado. Debo de tener un espíritu de-
cadente, y estando aquí no hago otra cosa que ali-
mentarlo. Y, sin embargo, siento que sólo revi-
viendo el pasado podemos vengarnos de nuestra
naturaleza.

Me pregunto qué piensa usted de todo esto. Espero que podamos hablar de ello juntos.

Vuelve a utilizar, si bien esporádicamente, la cámara de fotos, y la cercanía de Hagemeyer la esti-
mula para trabajar más intensamente. Vuelve a ver a
Weston. La madre de Tina le recibe con mucho
afecto y él le dedicará un retrato en el que el rostro
de la anciana expresa toda su dignidad y fuerza interior.

Ambos vuelven a entregarse a la relación con la
misma intensidad que antes de la muerte de Robo,
pero esta vez es él quien siente la carga de las responsabilidades familiares. Tina respeta la angustia de
Weston, que no quiere separarse de sus hijos; pero su
deseo de irse a México le hace tomar una decisión
definitiva. A Weston le atrae todo lo que ella le ha
contado acerca del entusiasmo que ha suscitado allí
su trabajo, pero continúa postergando el viaje, obse-
sionado también por las necesidades económicas y
por la imposibilidad de rechazar las ofertas de trabajo que le llegan de varias ciudades de los Estados
Unidos.

En octubre parece que la ruptura es ya inevitable.
Tina le escribe:

Adiós, adiós, Edward. Te deseo que obtengas
todo lo que te mereces, aunque no sé si será posible... Tú das mucho, y la Vida no podrá nunca re-
compensarte. Yo sólo puedo mandarte unos péta-
los de rosa, y un beso...

La separación dura algunos meses, durante los cuales Tina continúa pidiendo noticias de Weston a los amigos comunes. El vínculo no se ha roto, y él, para no perderla, acabará dando el paso tantas veces postergado. Una vez readquirida la seguridad en su propio trabajo, gracias al éxito de una exposición suya en Nueva York, Weston deja a su mujer llevándose consigo a su hijo Chandler de trece años. El 30 de julio de 1923 suben a bordo del *Colima*, en dirección a Manzanillo.

Después de un interminable viaje en tren a través de los estados de Colima, Jalisco, Guanajuato, Queretaro e Hidalgo, casi un rito iniciático en el que la mirada se anega en la inmensidad del país, los tres llegan a Ciudad de México y alquilan una gran casa en Tacubaya, un suburbio que por entonces aún no había sido absorbido por la metrópolis. Es una hacienda de diez habitaciones que dan a un patio interior, con techos altos y ventanas en arco, muros gruesos y un jardín que es una explosión de colores. Desde la azotea se divisan los campanarios de la catedral, situada en el Zócalo de Ciudad de México, y el inmenso valle dominado por los volcanes, el majestuoso Popocatepétl y el Ixtaccíhuatl, al que llaman *la mujer dormida* por su forma de mujer acostada.

A diferencia de muchos norteamericanos, que van a México para «asistir» a la revolución o para estudiar asépticamente las culturas azteca y maya, Tina y Weston se sumergen en la vida del país, y entran enseguida en contacto con la miríada de personajes que se entregan con ímpetu a la afirmación de los nuevos valores del «México resucitado». Conocen a Diego Rivera, que durante algunos años será uno de los inseparables de su grupo, a David Alfaro Siqueiros y a José Clemente Orozco. Tina vuelve a ver a Xavier Guerrero, al que había conocido en

Los Ángeles en una exposición suya, y que ahora está trabajando en los frescos de Chapingo con Rivera y Siqueiros.

El movimiento artístico mexicano se había manifestado como rebelión cultural antes de que se desarrollara la revuelta política y social. Orozco había reunido a un compacto grupo de estudiantes de arte para iniciar la insurrección contra la dictadura de Huerta, y en 1919 se había formado un congreso de artistas combatientes que proclamarían la unión indisoluble entre la expresión cultural y la revolución armada. Rivera había pasado una temporada en París durante el período cubista y allí había conocido a Picasso, Klee, Braque, Matisse. Más tarde había viajado a Italia para estudiar los frescos, los mosaicos bizantinos y los hallazgos etruscos. En estos últimos había encontrado una afinidad con el antiguo arte indígena de México. Siqueiros, después de haber combatido en el Ejército de Carranza como oficial de caballería, había realizado una serie de viajes por Europa, publicando en 1921 en Barcelona un manifiesto sobre su concepto de la pintura mural. Al volver a México, había fundado el Sindicato Revolucionario de los Técnicos, Pintores y Escultores, alabando los esfuerzos que se realizaban para echar abajo las viejas concepciones artísticas y políticas en *El Machete*, el periódico de la organización.

El arte se transforma así en un acontecimiento colectivo; se rechaza la comercialización de la tela en nombre de los murales, que quedan como propiedad pública. La meta estética es socializar la creatividad y destruir el individualismo burgués. Todo acontece al aire libre, en espacios improvisados o arrancados a las antiguas instituciones. Las actividades se mezclan y superponen: mientras unos pintan los otros tocan, enseñan, discuten. Una intensidad de estímulos vertiginosos que hacen que Tina se entregue por completo a las escuelas en los parques y jardines, a las expediciones arqueológicas, a las reuniones, a participar en grupos que presentan peticiones y propuestas. Pero también a las fiestas interminables, a los bailes, a reuniones en las que se bebe, y a un incansable contacto con la gente. Ella es la que hace de guía a Weston, que se sumerge en todo con anonadada admiración. Su capacidad para aprender rápidamente los idiomas, pero también su afinidad con todo lo latino, que enseguida se le manifiesta con los mexicanos, hacen de él muy pronto un personaje público.

Dejan la casa de Tacubaya, demasiado alejada del palpitante centro de la capital, y se trasladan a la calle Lucerna, en la céntrica colonia Juárez. Al cabo de algunos meses, su apartamento se transformará en uno de los puntos de referencia de la vida cultural y artística. Entre los asiduos de las noches tumultuosas, están los escritores Juan de la Cabada y Anita Brenner, el pintor Jean Charlot, el fotógrafo Manuel Álvarez Bravo, la mujer de Rivera, Lupe Marín, y su hermano Federico Marín, aparte de José Vasconcelos y de los muralistas que ya visitaban la hacienda. Pero uno de los personajes más enigmáticos para ellos, a causa de su misterioso pasado, es un escritor de lengua alemana del que no se sabe su exacta nacionalidad, un tal Bruno Traven... Vive en México desde 1920, y aunque muestra una espontánea amistad hacia Tina y Weston, ni siquiera a ellos confiará nunca su verdadera identidad. Y, por ciertas actitudes, Traven seguirá siendo siempre un misterio que nunca será aclarado del todo. Parece ser que se llamaba Berick Tòrsvan y que era austríaco; pero, según otros, había nacido en Chicago, tal vez en 1890, y había crecido después en Centroeuropa. Atraído por los ideales anarquistas, participa en las revueltas de Múnich de 1918, tras lo cual es buscado por la policía a causa de sus actividades subversivas. Habiendo llegado a México después de un largo viaje en la clandestinidad a través de numerosos países, Traven demuestra ser uno de los pocos extranjeros capaces de acoger y asimilar profundamente el espíritu mexicano. Pero hasta el final de sus días evitará aparecer en público; tanto es así, que cuando el joven John Huston decide rodar una película basada en su novela *El tesoro de Sierra Madre*, Traven le escribe diciéndole que no puede colaborar en la escenificación, pero asegura que una persona de su confianza irá como representante suyo. Después de haber transcurrido varias semanas en el plató, el «emisario» de Traven desaparece en la nada, y sólo después de muchos años, Huston descubrirá que se trataba del mismo autor en persona, que por otra parte había demostrado una gran habilidad para no aparecer en ninguna de las fotografías tomadas durante la realización de la película.

En algunas fotos de Weston se trasluce lo que ellos mismos definen como «ambiente bohemio», como aquella en la que Jean Charlot está absorto escribiendo en la espalda desnuda de Tina. Las crisis de celos de Weston no tardarán en aparecer. Sus temores se ven confirmados por Lupe Marín, que acusa a Tina en público de ser la amante de su marido Diego...

El atractivo de Tina desencadena, en ciertos casos, comportamientos delirantes. La exageración es la norma en aquella época de desconciertos, y la misma Tina parece no asombrarse demasiado cuando uno de los muchos artistas que conoce en una fiesta, enamorado perdidamente y rechazado por ella, vuelve con una pistola rogándole que le mate. Federico Marín la describe como «una belleza misteriosa, sin ningún asomo de vulgaridad... Pero no alegre, sino más bien austera, terriblemente austera. No melancólica ni trágica, pero hay hombres que se enamoran locamente de ella, y alguno ha llegado a suicidarse...».

También Vasconcelos, en las memorias que escribirá muchos años después, describe a Tina como una mujer capaz de llevar involuntariamente a los hombres a la locura: «De una belleza escultural y depravada, mantenía unido al grupo por el deseo común y al mismo tiempo dividido por las feroces rivalidades...» Y Vasconcelos no se limita a esto. Según él, también la muerte de Gómez Robelo, acontecida el 6 de agosto de 1924, habría tenido como origen el amor no correspondido hacia Tina: «Aquella pasión malsana le adelgazaba el cuerpo y le narcotizaba el alma... hasta que murió, devorado por el deseo.»

Weston, debatiéndose entre la libertad sexual que defiende y sus instintos más íntimos, anota lapidariamente en su diario: «La próxima vez, será mejor que me busque una mujer fea como el demonio...»

Son también los años en que la cultura mexicana es azotada por las «descargas electropoéticas» del movimiento Estridentista. Tina conoce a uno de los fundadores, Germán List Arzubide. Con su Korona, más manejable que la Graflex que utiliza Weston, realiza algunos retratos del joven poeta que ponen de relieve, aún más que sus obras, la tormenta de pasiones destructivas que se agitan dentro de él.

El Estridentismo tiene en común con el Futurismo europeo el trazo cortante y exasperado en las artes gráficas y el dinamismo plástico en la pintura, la atracción por las máquinas y sobre todo por los aviones y, naturalmente, la declaración de guerra al «pasadismo». Pero los poetas estridentistas emplean más la ironía y el sarcasmo feroz, incluso la provocación burlesca, que la escritura automática de las «pa-

46

labras en libertad». La poesía estridentista es «música de ideas», y exalta el contraste entre notas oscuras y notas luminosas, comparando el sonido de las palabras con el del saxofón y el de la batería del jazz. La radio es considerada como el medio ideal para la difusión poética, hasta el punto que las publicaciones estridentistas no se definen como «órganos» del movimiento, sino como «irradiaciones».

Es la hora de las botas de siete leguas, la hora del caballo alado: nos perfumamos con gasolina y conocemos la locura del sol. Volamos en aeroplano sobre las cabezas doloridas por el tedio, cantamos con la fuerza de la hélice que rompe las leyes de la gravedad. Somos estridentistas y lanzamos piedras a las casas repletas de mobiliario envejecido por el silencio, donde el polvo devora los pasos de la luz. Las moscas no depondrán su ortografía en nuestros escritos, porque después de ser leídos sólo servirán para envolver el azúcar. Y nosotros, erizados de microscópicos rayos, iremos infligiendo descargas a los enfermos de indolencia...

El encuentro entre List Arzubide y Tina sólo puede consistir por fuerza en un deslumbramiento recíproco. Ella está experimentando técnicas fotográficas sobre la sobreexposición, obteniendo efectos que Álvarez Bravo definiría más tarde como «impresión de cristal», y algunos de sus trabajos son reconocidos inmediatamente como «fotografías estridentistas». En las revistas del movimiento aparecen algunas imágenes firmadas por Tina, como las simetrías de los postes de la luz superpuestos, con los haces de cables en fuga hacia el cielo, o las extrañas geometrías de las escalinatas del estadio.

El punto de encuentro es el Café de Nadie, en la avenida Jalisco, Manuel Maples Arce, el poeta ideólogo del movimiento, conoce en este café a Arqueles Vela, escritor estridentista por instinto, en espera de unirse al grupo. Arzubide está leyendo en alto su primer diálogo, cuando Maples Arce se acerca al desconocido «que tenía aspecto de hombre desanimado, con un inconsistente bigote asolado por las palabras que sus labios no habían pronunciado nunca, y que ponía un límite a la altura de su cuerpo con un sombrero decidido a mojarse con la lluvia».

MAPLES ARCE: He aferrado el tumulto del crepúsculo.

EL OTRO: Hay una mujer muerta en cada noche.

MAPLES ARCE: Yo he visto la ciudad derrumbarse sobre las ruinas de la música.

EL OTRO: El hecho es que han regresado todos los adioses.

MAPLES ARCE: Vosotros existís.

EL OTRO: Sólo nosotros existimos. Todos los demás son sombras viscosas.

También Diego Rivera se acerca a los estridentistas, aunque sin adherirse a su manifiesto. Éstos consideran que el fresco de la Secretaría de Educación es un ejemplo de pintura muy próxima a su poética. Pero en las artes plásticas es Germán Cueto el que abraza las tesis del movimiento. Se autodefine como «proyectista», y realiza el modelo «Estridentopolis en el año 1975», visión futurista de una ciudad estridentista que debería construirse idealmente en Xalapa, capital del estado de Veracruz. Cueto vive en el último piso de un edificio medio abandonado que es elegido como la sede del movimiento. En la puerta hay un letrero que anuncia:

GERMÁN CUETO – PROYECTOS. Le diremos lo que usted intuye utilizando nuestros instrumentos incongruentes. Organizamos viajes interastrales. Conocemos la cuadratura del espacio. Nuestras mediciones se basan en la cuarta dimensión. Escuchamos el corazón del infinito. ¿Quiere ser un héroe? Nosotros conocemos los planos del futuro, podremos sugerirle una ruta en los acontecimientos. Visítenos. Consejos gratuitos para los pobres de imaginación.

Los estridentistas arremeten contra la esclerosis de los académicos, ridiculizan a los críticos «biliosos, corroídos por las llagas purulentas de las antiguallas literarias agonizantes y apestadas». Se declaran hijos naturales de la revolución mexicana, pero lanzan la advertencia de que es necesario decapitar a tiempo las revoluciones para impedir que se transformen en reacción. Atacan violentamente a los viejos maestros de los diferentes campos culturales y creativos, denunciándoles por haberse transformado de porfiristas en secuaces del dictador Huerta, hasta llegar a abrazar falsamente la revolución para obtener de ella cargos gubernativos. Esto provoca el ostracismo de los estridentistas del mundo editorial vinculado a universidades y ministerios, donde los ex porfiristas se han instalado hábilmente. Pero obtienen también la adhesión del anciano poeta Rafael López, que en su nombre rechaza la invitación oficial a entrar en la academia de los máximos literatos.

«Apagaremos el sol de un sombrerazo» dice un titular de la revista *Horizonte* dirigida por List Arzubide, en cuyas páginas las fotografías de Tina reciben una entusiasta acogida. Ésta enseguida se ve arrastrada a las fiestas de los estridentistas, donde se exalta el poder subversivo de la risa y se extrae nueva savia colectiva para las sucesivas provocaciones.

En el quinto piso de una colmena de apartamentos engalanada con tendederos, y cogidos de la mano con las montañas alrededor, adustas vigilantes de la moral de nuestras fiestas, se celebran los bailes estridentistas. Chicas cinemáticas, con los cabellos súpercortos, escotadísimas y extraabiertas de muslos, llenan el exangüe patiecito, vestidas de princesas de la luna. Y allí abajo, dentro de la jaula, los músicos desencadenan la repentina rebelión: explota como el magnesio, y todos comenzamos a fluctuar desesperados, temerosos de irnos a pique en la noche, en esta barca ebria, llena de banderolas de alegría que la música arrastra...

También para los estridentistas, la liberación de los viejos dogmas culturales sólo puede avanzar al unísono con la renovación política y la alteración de las costumbres sociales, sin excluir obviamente los comportamientos sexuales y las relaciones personales. Es el mismo camino que Tina recorre ya desde hace algunos años. De ella se sigue señalando la «belleza oscura, veteada de una melancolía que contrasta con la energía que contagia a quien está cerca de ella», pero también la originalidad en su forma de vestir: lleva casi siempre pantalones vaqueros, totalmente inusuales para las mujeres de su época.

Mientras tanto, Weston parece vivir en la indecisión entre dejarse arrastrar o intentar retenerla. Durante un cierto período siente la fascinación estética del movimiento Estridentista, e incluso aparece una foto suya en la portada de *Irradiador*, la revista dirigida por Maples Arce. En otra de sus muchas fotos publicadas, se ve el fragmento de un rostro de mujer emerger bajo una composición geométrica. Se parece a Tina, y probablemente sea ella quien ha posado para esta imagen que Weston titula *Lo incógnito*.

Capítulo 5

Tina comienza a sentirse independiente también en la fotografía. Ya no es la ayudante de Weston que se limita a imitar sus técnicas y sus temas. Recorre la ciudad disparando fotos con su Korona, va sola a los estados vecinos buscando rostros, imágenes tomadas en el momento de una vida que el paciente trabajo de experimentación en el estudio no puede expresar. Ella misma revela los negativos, perfeccionando algunas técnicas decisivas para el resultado final de cada trabajo. Weston está admirado de los progresos que la ve realizar, pero advierte cada vez más una sensación de distanciamiento que no consigue superar.

La noche pasada estábamos solos, y esto sucede tan pocas veces ya... Tina me ha llamado a su habitación, y nuestros labios se han encontrado por primera vez desde el día de Año Nuevo. En ese momento ha sonado el timbre de la puerta. El momento ya había pasado.

En mayo de 1924 se mudan a una nueva casa de la

colonia Roma, en la avenida Veracruz. Faltan menos de dos meses para el primer aniversario de su «unión». Así, a finales de julio, Edward y Tina se visten con todo lo más convencional que encuentran en el guardarropa, y van al estudio de un fotógrafo, el primero que encuentran por las calles del centro, y dicen que quieren conmemorar su «matrimonio». Con un telón de fondo que evoca el interior de una iglesia, posan con una expresión seria, de circunstancias: él sentado con lo que podría ser una Biblia apoyada en las rodillas, ella de pie, con una mano sobre el hombro de su «esposo» y un ramo de rosas en la otra. Repiten la broma sobre un fondo de árboles y malezas difuminados, cogidos de la mano en una pose aburrida. Pero aquí el juego parece traicionarles. Porque, en la mirada que Edward dirige a Tina, hay una cierta inquietud, casi la petición de una confirmación. Ella, en cambio, mira fijamente al objetivo, que seguramente la sorprende mientras suspira, entre resignada y divertida.

1924 es el año de la primera exposición de Tina, que presenta sus fotos dentro de una colectiva en el Palacio de Minería. La acogida es positiva, y el mismo Weston, que participa con sus trabajos más recientes, comenta: «Las fotos de Tina no pierden nada al lado de las mías. Representan una expresión suya personal.» Y los críticos aprecian su obra dejando de considerarla como la simple alumna de Weston y poniendo de relieve la originalidad de su investigación expresiva.

Le ofrecen el primer trabajo por encargo, ilustrar con sus fotos un libro de Anita Brenner sobre México, y comienza a publicar en la revista *Forma*, dirigida por Gabriel Fernández Ledesma. Sin embargo, cuantos más reconocimientos obtiene en el campo de la fotografía de autor, más necesidad siente de fundir su trabajo con cuanto sucede a su alrededor. El interés por los problemas sociales se convierte en pasión política, y dentro de ella aumentan las dudas sobre la relación entre el arte y su compromiso de militante. La experimentación y la investigación ya no le bastan, llega al convencimiento de que también la fotografía, *sobre todo* la fotografía, debe expresar algo que vaya más allá del formalismo estético, que ahora está tendiendo hacia el enrarecimiento, a la abstracción pura. Siente que debe incidir sobre la realidad, representándola en sus aspectos más controvertidos, recogiendo su malestar, exaltando la fuerza de rebelión donde quiera que se manifieste.

En el verano de 1924 se vuelve a acercar durante una breve temporada al teatro, interpretando un papel melodramático en la versión mexicana de *Le chauve souris*, y la noche del estreno, el 17 de septiembre, Tina vuelve a pisar el escenario demostrando «un gran dominio y una extrema discreción», según las palabras de Weston, que esa noche le dirá que considere el teatro como el lugar más apropiado para ella. Pero sólo se tratará de una pasión temporal. Finalizada la serie de representaciones, Tina abandona el escenario; esta vez para siempre.

Se agudiza el distanciamiento entre ella y Weston. Su relación, ya contaminada, sufre ahora también los contrastes de dos concepciones artísticas divergentes, próximas a la contraposición. Casi por un presentimiento, Weston se dedica a hacer una larga serie de retratos de Tina, como si quisiera apresar su rostro antes de la inminente separación.

He pasado a papel el nuevo retrato de Tina. Con el de Lupe, es el mejor que he hecho en México, quizá el mejor de todos. Pero mientras el rostro de Lupe es heroico, el de Tina es noble, majestuoso, excitante. El rostro de una mujer que ha sufrido, que ha conocido la muerte y la desilusión, que se ha vendido a los ricos y se ha dado a los pobres, cuya infancia ha transcurrido entre privaciones y duro trabajo, cuya madurez deriva de la experiencia amarga y al mismo tiempo dulce de quien ha vivido de un modo intenso, profundo y sin miedo.

Tina posa también para él en algunos desnudos. Weston siempre la reproduce tumbada en el suelo, con los ojos cerrados, con el cuerpo arqueado que parece rozar apenas el suelo. Realizados sobre la terraza y en pleno día, transmiten una sensación de morbidez en relieve, de una piel que absorbe y refleja el calor del sol. Ninguna otra imagen de Tina representa de una forma tan profunda su relación con México: la naturaleza de la transgresión, el sensual abandono iluminado por el sol y sin sombras, una corporalidad que emana ternura y melancolía. Es una época que llega a su fin. En los años siguientes, Tina ya no conseguirá ver México con los ojos de aquellos días únicos e irrepetibles.

Tina adquiere seguridad, dominio del medio expresivo y, aunque sigue pasando penurias, consigue mantenerse realizando retratos y vendiendo algunas fotos a revistas. Junto a ella, casi por una extraña alquimia de vasos comunicantes, Weston poco a poco se va sintiendo inseguro y atormentado por la insatisfacción de pesar de los éxitos que México le tributa, y siente crecer en su interior la necesidad imperiosa de volver a ver a sus otros hijos. Sólo volviendo a Glendale podrá liberarse de la angustia ya palpable que lo invade. Pero Chandler se ha adaptado de tal modo al ambiente, que no comparte en absoluto la ansiedad de su padre. Cuando Weston decide dejar la casa de la avenida Veracruz, su hijo de catorce años siente la tentación de quedarse con Tina. Sólo unos pocos días antes de su marcha, decidirá irse con él para volver a ver a su madre.

No es una separación definitiva. Edward está convencido de que volverá, aunque no pueda calcular cuándo. Y Tina no le dice adiós, pero es consciente de que el verdadero alejamiento entre ellos no se deberá a los miles de kilómetros que hay entre Ciudad de México y California. Algo se ha roto en el común sentir de los dos, y cuanto más se ha acercado ella a los aspectos sociales de la realidad que la rodea, más se ha cerrado él en un individualismo pesimista.

A finales de diciembre de 1924, Weston vuelve a los Estados Unidos. Tina escribe una carta que le entrega a su marcha.

> ¿De qué sirven las palabras entre tú y yo? Tú me conoces y yo te conozco, y tenemos fe el uno en el otro. Para mí, Edward, esto es lo más grande que hemos conseguido crear entre nosotros dos: la confianza recíproca. Me portaré bien durante tu ausencia, Edward. Trabajaré con todas mis fuerzas por dos razones: para que sigas estando orgulloso de mí, y para que el tiempo transcurra más deprisa hasta tu vuelta. Edward, amor, suceda lo que suceda, te estaré siempre agradecida por todo esto...

Comienza para ella un período de transición. Sin Weston, el interés político pierde esa especie de barrera protectora establecida por el rechazo de él hacia las ideologías. Tina puede dedicarse por entero a la fotografía, sin sufrir la influencia en algunos momentos posesiva de Weston, pero le atrae el clima de grandes y rápidos cambios que trastornan México y el mundo entero. Siente que no se puede quedar mirando detrás del objetivo, advierte de una forma irresistible la necesidad de oponerse con un mayor compromiso a las fuerzas que están resquebrajando las conquistas de la revolución. México, más aún que los otros países latinoamericanos, se ve atacado por el colonialismo de la «Doctrina Monroe», que convierte a Centroamérica en el «patio de casa» de los Estados Unidos. En México, «América para los americanos» se traduce en el control de los recursos, el primero de todos el petróleo, y en dirigir las elecciones políticas favoreciendo el ascenso al poder de gobernantes sometidos a los deseos de Washington. La utopía soviética alimenta las esperanzas de América Latina, pero Moscú está lejos, envuelta en una leyenda que llega desde el otro hemisferio, mientras que, a unos cuantos kilómetros, al otro lado del río Bravo, se trabaja con celo para eliminar cualquier resto de la herencia de Francisco Villa y Emiliano Zapata.

En una carta de Tina a Weston fechada el 7 de julio de 1925, se adivina una profunda confusión interior, la duda sobre qué vale la pena realmente hacer en esta difícil situación.

No he estado demasiado «creativa», Edward. Como media, he realizado menos de un positivo al mes... y esto, para mí, es terrible. La falta de interés no tiene nada que ver. Tal vez me falte la disciplina, el poder de control sobre la ejecución... A veces llego a pensar que las mujeres, en lo que respecta al trabajo creativo, son ineficientes, dispersas... Nos falta la capacidad de concentración, de dejarnos absorber totalmente por algo. Vuelvo a caer en mi costumbre de generalizar una opinión a la que he llegado analizándome sólo a mí misma. Y, volviendo a mí, no puedo, como me propusiste una vez, resolver la cuestión de mi existencia perdiéndome en el problema del arte. No sólo no

puedo hacerlo, sino que sobre todo siento que el
problema de vivir incide profundamente en el problema de la creatividad artística...

Continúa tratándose mucho con Diego Rivera,
que milita en el Partido Comunista Mexicano, y conoce a Vladímir Maiakovski, que ha llegado a la capital atraído por sus fermentos artístico-políticos. Tina
lo retrata en varias fotos, algunas de las cuales son
publicadas en *El Universal Ilustrado*, y lo acompaña
en sus largos paseos por el centro colonial de la ciudad y a las recepciones organizadas en su honor por
la Embajada soviética.

Mientras tanto se intensifica su amistad con Xavier Guerrero, que está viviendo una análoga frialdad
con respecto al trabajo de muralista puro en nombre
de la militancia total. El tiempo parece transcurrir
cada día más rápidamente, la vida en la capital mexicana permite cada vez menos llevar a cabo dos actividades paralelas. Xavier Guerrero, antes que Tina y de
forma más violenta, teme que las horas que dedica a
la pintura se las esté negando irremediablemente a la
construcción del Nuevo Mundo. Además, como mexicano, debe defender lo poco que ha quedado de una
revolución reabsorbida por el burocraticismo y desmembrada por las sociedades financieras extranjeras. Tina se siente fascinada por la fe inquebrantable
y granítica de Xavier, por su rostro de indio que en-
carna milenios de vejaciones y humillaciones, por
sus largos silencios que emanan una sabiduría antigua. Las raras veces que habla, lo hace con voz tranquila, para ahuyentar las últimas dudas y afirmar certezas. La influencia de Xavier sobre Tina será determinante en las decisiones que ella tomará en los
trágicos años que se están avecinando.

Capítulo 6

En agosto de 1925, Weston vuelve a México acompañado de su hijo Brett de catorce años. El viaje se debe también a motivos de trabajo, una exposición de fotos suyas y de Tina en Guadalajara. Edward y Tina se quedan diez días en la capital del estado de Jalisco, patria electiva de las más enraizadas tradiciones mexicanas y zona donde se produce toda la tequila del país. El encuentro parece renovar las energías de otro tiempo, a pesar de que la exposición no obtenga entre el público el éxito que se esperaba. La crítica de los periódicos locales, en cambio, resalta enormemente el acontecimiento, y en la introducción a una entrevista concedida por Tina se lee: «Ha aparecido llevando con desenvoltura una camisa de seda de cuello alto y una corbata de hombre, que contrastaban con una falda estrechísima de corte norteamericano...»

Al regresar a Ciudad de México, vuelven a sumergirse en el ritmo desenfrenado de las fiestas, bailes, y reuniones con viejos y nuevos amigos hasta el amanecer, y la casa se vuelve a llenar de gente que va y viene como un año antes, como si el hilo se hubiera reanudado exactamente en el punto en que se había interrumpido. Y, por supuesto, vuelven a aparecer los celos de Weston. En su diario habla de una incontrolable aversión por un tal «doctor M.», que demuestra una auténtica adoración por Tina. Se trata del alemán Leo M. Matthias, quien en 1926 escribirá un libro sobre México que comienza precisamente con un agradecimiento a Tina y a Weston, y donde entre otras cosas se lee: «Tina es de estatura mediana y de una belleza extraordinaria. Su rostro, de expresión trágica, me recuerda a la Duse... Si hubiera sido capaz de quitársela a Weston, ahora mi vida sería muy distinta...»

En cualquier caso, parece que las relaciones esporádicas se han convertido ya en una norma para ambos, y Weston no hace nada por su parte para ocultar su interés por la hermana de Xavier, Elisa Guerrero, a la que corteja abiertamente, sin preocuparse de la presencia de Tina.

La sucesión de las noches de juerga se interrumpe bruscamente cuando Tina recibe la noticia de que su madre está muy grave y va a reunirse inmediatamente con ella a San Francisco.

El regreso a los Estados Unidos es para ella una brusca constatación de lo mucho que ha cambiado su vida. Han pasado muy pocos años y, sin embargo, allí no encuentra nada que tenga que ver con ella. El mullido oasis de San Francisco, en comparación con el magma hirviente de Ciudad de México, se le aparece como un mundo extraño. El estado de salud de su madre mejora, y ella trata de sacar el máximo partido de su estancia en California intentando vender su vieja y pequeña Korona para comprarse una Graflex de gran formato. En las cartas que escribe a Weston le pide que comprenda su decisión de separarse de la Korona que era un regalo suyo, y vinculada por tanto a una época que está acabándose.

Le tengo mucho cariño, pero no me es posible comprarme otra sin vender ésta. Querría hablarte de tantas cosas... mis impresiones sobre los Estados Unidos, mis reacciones, mis ideas de comenzar a trabajar en la fotografía de una forma distinta cuando vuelva... Pero continúo experimentando esta sensación de impotencia cada vez que trato de hacer algo por mí misma. Nunca sé por dónde empezar ni qué dirección seguir. Ya sabes que nadie es profeta en su tierra. En cierto sentido se trata de esto; porque, en el fondo, ésta debería ser mi ciudad, pero ninguno de los amigos y conocidos que he vuelto a ver me toma en serio como fotógrafa... Quiero trabajar duramente en cuanto vuelva a México, y de forma distinta, si consigo hacerme con una Graflex. En mi trabajo siempre he permanecido dentro de unos límites muy estrechos, como bien sabes, pero creo que ha llegado el momento de lanzarme...

Siento una gran tristeza. Pero se me pasará, no te preocupes...

Vuelve en febrero de 1926, decidida a conocer otras realidades de México y a fotografiar sus aspectos menos habituales. Comienza a hacer con Weston una serie de viajes al Sur, quedándose durante algún tiempo en Puebla y en Oaxaca. Después regresan al Norte, pasando por Michoacán y volviendo a recorrer el camino hasta Guadalajara que habían hecho en tren, pero esta vez sin un itinerario fijado de antemano, atravesando pueblos y aldeas donde los rostros y las personas adquieren en las fotos de Tina una nueva dimensión. Se fija sobre todo en las mujeres, que suelen hablar entre ellas antiguas lenguas nunca escritas, y resalta la solidaridad de sus gestos más sencillos, la dignidad milenaria de sus sonrisas.

En uno de los altos que hacen entre un viaje y otro se detienen en la capital para asistir a la inauguración de una exposición de ambos, que lleva como subtítulo *El emperador de la fotografía y la bellísima Tina Modotti: una combinación irresistible*. Tina no ha tenido tiempo de ocuparse de los detalles y, al ver esta frase impresa en los carteles, enfurece. Una vez más se exalta su imagen exterior, relegando a un segundo plano todos los aciertos conseguidos en su trabajo. Como en Hollywood, su cuerpo llama más la atención que su expresión artística. Pero en este caso interviene la acreditada voz de Diego Rivera, que en la presentación escribe:

> Tina Modotti expresa una profunda sensibilidad en un plano que, aun tendiendo a la abstracción, indudablemente más etéreo, y en un cierto sentido más intelectual, extrae la savia de las raíces de su temperamento italiano. No obstante, su obra artística ha florecido en México, alcanzando una extraña armonía con nuestras mismas pasiones...

Inevitablemente, la forma de vivir de Tina cambia gradualmente a medida que maduran sus nuevos intereses. Su casa, que ha sido el centro en torno al cual gravitaban los más distintos personajes, se transforma poco a poco en el simple punto de partida y retorno de sus viajes y excursiones. Las fiestas cada vez son menos frecuentes, el ir y venir de los amigos disminuye. La fama de la pareja de Tina y Edward, punto de referencia de tantas noches memorables, se disuelve en la realidad cotidiana, donde tiene menos cabida el inconsciente frenesí de vivir. Sus caminos se hallan ahora separados, divergentes. El vínculo entre Tina y Xavier Guerrero se está transformando en una relación profunda, de afinidad, en la que lo íntimo y lo político se hallan profundamente relacionados. Pero no es esto lo que excluye a Weston de la vida de Tina. Aunque continúa amándola, no consigue compartir sus decisiones y se encierra aún más en su individualismo escéptico y carente de esperanzas acerca de las posibilidades de luchar por cualquier tipo de ideal. Siente también que ha concluido lo que para él sólo ha sido un período. Vuelve a echar de menos a sus otros hijos, y Brett, que se está convirtiendo en un apasionado de la fotografía, quiere volver a California. No se hace ninguna ilusión de poder convencer a Tina para que los siga: tal vez ella no encuentre nunca una solución a su inquietud, él es el único que la conoce lo suficientemente a fondo como para comprender esto, pero sabe que allí, en México, puede seguir buscándola.

En noviembre de 1926, Weston sube al tren que lo vuelve a llevar al Norte.

Dejar México significa dejar a Tina. La barrera que hay ahora entre nosotros se ha roto sólo durante unos segundos, el tiempo de atravesar el Paseo en un taxi, corriendo hacia la estación. Durante un rato no he querido mirarla a los ojos, pero cuando me he vuelto, y los he visto llenos de lágrimas, la he estrechado muy fuerte entre mis brazos... Tina con los ojos llenos de lágrimas. México, esta vez me temo que sea un adiós para siempre. ¿Y tú, Tina? Siento que también nosotros dos nos estamos diciendo adiós por última vez...

La gran casa de la avenida Veracruz se queda vacía. Tina permanece allí durante algunos días escuchando sus ecos, y siente de una forma dolorosa la ausencia de Weston. No se arrepiente de la decisión que ha tomado, pero tampoco quiere perder un contacto que está aún presente en la atmósfera, una comprensión que no puede desaparecer con la distancia.

Edward... me he despertado con la agradable sensación de tenerte aquí. Mi primer pensamiento ha sido: ¿se habrá levantado ya Edward? Pero la ilusión ha durado poco. El ver tu habitación vacía me ha hecho tanto daño como el volver aquí ayer, sola. Quiero escribirte siempre, y todo, Edward, pero en este momento me resulta difícil. No consigo ver bien, enfocar lo que está sucediendo...

Conoces esa poesía de Ezra Pound que dice: «Lo que tú amas permanece, lo demás no es nada. Lo que tú amas no puede serte arrebatado, es tu única herencia. ¿A quién pertenece el mundo? ¿A mí, a ellos, a nadie...?» Tú eres esto para mí, Edward. Y no importa lo que podamos significar para los demás. Sé cuánta amargura te llevas dentro, y he sentido que perdías la confianza en mí. Pero yo nunca la he perdido, porque creo que habrá múltiples ocasiones para volver a encontrarnos, y también porque acepto el trágico conflicto entre la vida que cambia continuamente y la forma que la fija en la inmutabilidad.

Debo pararme, esta cosa terrible que me atormenta el corazón sigue sin darme tregua. Hasta pronto. Ahora, mientras escribo, estás en el tren, pero cuando me leas estarás rodeado por tus hijos. Es una imagen que evoco a menudo, porque consigue que mis labios se distiendan en una sonrisa, darme una sensación de ternura, de paz...

Tina se muda a un minúsculo apartamento en el centro de la metrópolis, en la calle Abraham Gonzáles, a unos minutos de la plaza del Zócalo, de esas torres que en una época divisaba desde la terraza de la hacienda de Tacubaya, en los días claros. Transforma una pequeña habitación en cuarto oscuro, y vuelve a trabajar con constancia, sin preocuparse por su salud, encontrando esa disciplina que siempre había echado en falta. Su Graflex se convierte en un ojo despiadado que ve la miseria, el sufrimiento, que capta la desolación pero exalta también la rabia, la protesta organizada. Manos de trabajadores apretando las azadas, destrozadas por el polvo y el sudor, manos de titiriteros atravesadas por venas hinchadas a causa del esfuerzo, manos de india que lavan míseros vestidos sobre la piedra, oscurecidas por el sol... Las manos, para Tina, son el origen del mundo, crean todas las cosas, transmiten a la materia el espíritu que emana del corazón. La gente irrumpe en sus fotos como un océano de sombreros que confluyen en una manifestación, que se reúnen en torno a un ejemplar de *El Machete* leído por un campesino al que las olvidadas campañas de alfabetización le enseñaron a hacerlo. Rostros sombríos, enérgicos, ardientes, desilusionados, alzados para escrutar a un orador subido a una tribuna, dispersos en la multitud de una manifestación. Cuerpos inconsistentes, extenuados, vagando dentro de ropas andrajosas que se les han quedado demasiado anchas por el hambre, cuerpos de niños arrimados a una esquina de la calle, la mirada apagada de una infancia mal vivida. La miseria es un crimen, y las fotografías de Tina lo gritan, lo afirman sin falsa piedad. Pero hay siempre una dignidad en estas imágenes, un orgullo que la historia, la escrita por los vencedores con la sangre de los vencidos, nunca ha logrado doblegar en las gentes mexicanas.

Su trabajo comienza a traspasar las fronteras geográficas y las barreras políticas. Las fotos de Tina son publicadas por *Creative Art* en los Estados Unidos, por la prestigiosa *Agfa Paper* de Praga, por *Varietés* de Bruselas, por el *British Journal of Photography*. Tina Modotti ha abierto el camino al reportaje social, aquel que Robert Capa, David Seymour, Gerda Taro, inmortalizarán.

Pero ellos harán de la fotografía la misión de toda una vida, mientras que para Tina seguirá siendo sólo un medio, una transición. Y cuando alcance el punto más expresivo de su arte decidirá abandonarla en nombre de una revolución que no verá nunca.

Capítulo 7

El Partido Comunista Mexicano había sido fundado en 1918, tres años antes que el chino. En 1923, Xavier Guerrero, David Alfaro Siqueiros y Diego Rivera entran a formar parte del comité ejecutivo. Al principio, el arte irrumpe en la política con su carga de creatividad agresiva, resquebrajando los viejos esquemas e imponiendo un ritmo febril al cambio de valores. Pero ya en 1924 el enfrentamiento entre Trotski y Stalin se resuelve a favor de este último, que en pocos años volverá a adquirir un firme control sobre los partidos «hermanos». La *Razón de Estado*, es decir, del Komintern, debe prevalecer sobre las emociones revolucionarias. Y ciertos comportamientos del ambiente cultural mexicano son considerados como peligrosos «desviacionismos» de la rígida moral soviética...

De los tres, Xavier Guerrero es el más proclive a aceptar las directrices de Moscú. También Siqueiros está dispuesto a cerrar filas. Para él, que ha combatido con Venustiano Carranza contra el Ejército del Sur de Emiliano Zapata, reprimir a los rebeldes y ponerse de parte del hombre fuerte del momento es

una elección natural. No siente ninguna esquizofre-
nia entre la grandiosidad épica de su obra artística y
la obediencia a las órdenes de sus superiores. El
suyo, en el fondo, es un espíritu militar: el respeto a
las jerarquías no se puede discutir, y todos los «traidores» deben ser eliminados sin ninguna vacilación.

Diego Rivera, en cambio, es un espíritu inquieto,
atraído por los excesos e irreductible a la disciplina
de partido. Es sinceramente comunista, pero en su
significado más pleno: en la inmediatez de la realidad que ve, siente y aferra, y no en la lógica de los
equilibrios y de las sutiles maniobras que regulan la
dirección del poder. Está constantemente en búsqueda de lo nuevo, tanto en el campo artístico como
en el político. En 1927 acepta con entusiasmo la propuesta del Gobierno soviético de pintar un fresco en
un edificio del Ejército rojo. Lunacharski le hace el
ofrecimiento personalmente. Al llegar a Moscú, le
nombran profesor de la Escuela de Bellas Artes y comienza enseguida los trabajos para realizar un gran
mural, pero a los pocos meses sus concepciones dis-
creparán totalmente de las del realismo socialista.
Los depositarios de la moral estalinista atacan su arte
de vanguardia, al que consideran demasiado alejado de la «capacidad receptiva del pueblo». Y, sobre
todo, no toleran sus comportamientos extravagantes
e imprevisibles. En mayo de 1928, Diego Rivera deja
la Unión Soviética, llevándose en su interior una desilusión que representa el germen de lo que sucede-
ría pocos años después.

Pero lo que le alejará progresivamente de sus
compañeros serán sus profundas raíces en lo que se
podría definir abreviadamente como «mexicanidad».
Cada gesto suyo responde al instinto que lo une indi-
solublemente a su tierra, donde la vida se manifiesta
en el contraste violento y en la paradoja, en la indescifrable armonía de un desorden aparente, en la in-

disciplina, generadora natural de la creatividad que invade a los mexicanos en cualquier campo. El comunismo, tal y como lo entiende Moscú, y la línea impuesta obtusamente por el Komintern a un país totalmente opuesto por su forma de ser al rigor soviético, llevan a Diego Rivera a exasperar inconscientemente todo lo que para él es la esencia de la mexicanidad.

Xavier Guerrero, al contrario de Rivera, se transforma día a día en un granítico funcionario de partido. Le apodan la «estatua de piedra» por su silencio sombrío y su expresión inmutable. No perdona a Diego su protagonismo y su necesidad de ser el centro de atención; alimenta un sordo resentimiento contra él por haberlo dejado siempre en la sombra como artista. Oscurecida por la fama de Rivera, su participación en los murales de Chapingo no se le reconoce como merecería.

El rencor y las divergencias políticas se entremezclarán dentro de él, transformándose en una obstinada aversión hacia Rivera. Abandona la pintura y decide dedicarse por entero a la militancia. Tina ve en él aquella seguridad que siempre le ha faltado, la disciplina invulnerable a las dudas y a las indecisiones. Seguir el camino de Xavier significa anestesiar el dolor de una existencia inquieta, renunciar a una sensibilidad que la corroe y atormenta, escogiendo una fe que lo absorbe todo, incluso los sentimientos.

En 1927, Tina se afilia al Partido Comunista Mexicano. Siempre en la primera fila de las manifestaciones y presente en todas las iniciativas como organizadora incansable, dedica gran parte de su tiempo a la redacción de *El Machete*, traduciendo artículos y análisis sobre política exterior. El periódico que había nacido como un medio de expresión de artistas y escritores revolucionarios, se ha transformado ahora en el órgano oficial del partido. Se acusa a los fundadores de usar un lenguaje para vanguardias desvinculado de las masas, y consiguen que se alejen de él todos aquellos a los que ahora se les tacha de «individualistas pequeño burgueses». Con Xavier Guerrero, *El Machete* asume tonos y contenidos que provienen directamente del Komintern.

La fotografía, para Tina, representa aún un compromiso constante, además de su único medio de vida. Pero es una actividad que debe estar subordinada a la militancia, y a menudo no queda tiempo para deambular durante horas y horas en busca de una imagen, y mucho menos para viajar sin itinerario ni fechas. La relación con Xavier no es fácil de definir. Hay que leer sus emociones en sus miradas, interpretarlas a través de sus raros gestos tranquilos, que le transmiten una sensualidad compuesta de naturaleza y misterio. Xavier no pretende ser comprendido, no explica lo que piensa, no quiere convencer a nadie: para amarlo, Tina sólo puede sentir lo que él siente y respetar su carácter impenetrable. Lo admira por la fuerza que transmite y por la resolución con que recorre el camino que ha elegido, y lo acepta sin hacer preguntas y sin intentar cambiarlo. Pero la atracción magnética que siente por aquel rostro de obsidiana, por su cuerpo escultural, por esos ojos que escrutan sin estupor como si ya conocieran cada cosa, vista por toda su raza a través de los siglos, no basta para transformar en pasión una unión de intenciones. Junto a Xavier, Tina siente por fin que se está liberando de su imagen de mujer fatal que muchos se obstinan aún en exaltar, contribuyendo a rodearla de una fama que en algunos casos asume perfiles inquietantes.

El poeta Kenneth Rexroth, que en esos años pasa un largo período en Ciudad de México, no conoce directamente a Tina, pero la describe a partir de los comentarios que ha oído acerca de ella:

Existe un café donde se mezclan políticos pistoleros, criminales comunes, toreros, putas y actrices de tercera categoría. El personaje más sensacional de todos ellos es una fotógrafa y modelo, además de prostituta de altos vuelos y Mata Hari del Komintern, Tina Modotti...

Con Xavier no necesita justificar el porqué de todo esto, no debe defenderse de los disparates que circulan sobre ella: Xavier llega a la esencia del modo de ser de una persona y no se detiene en las apariencias.

Y cuando el Komintern lo llama a Moscú, Xavier no tiene dudas. Tina no se opone, está de acuerdo en que un militante debe anteponer el deber a los sentimientos. Pero le hiere que él le comunique la inminente separación sin demostrar pesar alguno. Para Xavier no se trata de poner fin a su relación: ella será siempre su mujer, y los meses o los años que estarán alejados no pueden ni deben cambiar nada. Si él no vuelve a México, Tina podrá un día reunirse con él en Moscú. Para Xavier, la palabra adiós carece de sentido.

Capítulo 8

En 1927 Tina conoce a un hombre que cambiará profunda e irreversiblemente el curso de su vida. Éste acaba de llegar de los Estados Unidos con una orden de expulsión por actividades subversivas a nombre de Enea Sormenti. En México se hace pasar por Carlos Contreras, de nacionalidad española, pero en los archivos de la OVRA, la policía secreta fascista italiana, hay un voluminoso expediente que lo identifica como Vittorio Vidali, de Trieste, agente operativo de la GPU bolchevique...

Trieste está tan cerca de Udine, que cuando él habla de ella, a Tina le parece volver a respirar el ambiente de su ciudad. La amistad surge de una forma espontánea, inmediata. Vidali posee un carácter fuera de lo común, transmite una alegría sincera; ama el vino, pero está dispuesto a traicionarlo desde el primer día con la tequila; fuma más cigarrillos que ella y carece de cualquier actitud moralizadora respecto a los vicios y las virtudes. Extrovertido, propenso a comportamientos un poco fanfarrones, de carácter abierto y lenguaje suelto, Vidali afronta todos los problemas de forma directa y lanzada, totalmente convencido de que la culpa, si la hay, no puede ser nunca de él. Al principio, Tina lo considera un tipo atractivo por su simpatía y su comportamiento desenvuelto, pero enseguida nota que en el partido se habla de él con medias palabras, con extraños guiños de ojos, y miradas que dejan entender de todo sin especificar nada. La figura de Vidali tiene un aura de tácito respeto entre los dirigentes, y goza de un carisma que la intriga, que suscita en ella una curiosidad cada vez mayor. Pero no cede a la tentación de preguntar a nadie acerca del pasado de Vidali ni por qué los comunistas mexicanos le consideran más de lo que le correspondería como último recién llegado. Tina, como es su costumbre, observa y escucha sin hacer comentarios, limitándose a captar sensaciones.

El primer encuentro con Vittorio ha tenido lugar entre miles de personas en un mar de banderas y pancartas que ha invadido la inmensa plaza del Zócalo: una de las innumerables manifestaciones por Nicola Sacco y Bartolomeo Vanzetti, los dos anarquistas italianos condenados a la silla eléctrica en los Estados Unidos.

Faltan pocos días para la sentencia y, a medida que pasan las horas, se demuestra la impotencia de la movilización internacional. Tina se halla inclinada sobre los papeles, absorta en traducir del inglés un informe sobre las fases del proceso y lo inadmisible de las pruebas contra Sacco y Vanzetti, cuya condena se remonta al año 1921. Vidali es el único que queda en la sede del partido a esas horas de la noche. Va de un estante a otro del archivo, consulta registros y fichas, resopla, murmura entre dientes algunos improperios. De vez en cuando ella nota su mirada escrutadora, pero no alza la cabeza, y él continúa con su ruidoso trajín, como si le molestara la atención que Tina dedica a su trabajo ignorando su presencia.

Cuando Vidali se acerca para buscar entre los legajos esparcidos sobre la mesa de al lado, Tina se relaja sobre el respaldo de la silla emitiendo un suspiro de cansancio.

—No es verdad que no hace sufrir —murmura de pronto, mirando fijamente el techo ennegrecido.

Vidali se detiene. La mira de reojo, esperando que se explique.

—Ha habido muchos casos en que han tenido que repetir la descarga. Y aunque te mata a la primera, no es verdad que dure un segundo.

Vidali apoya un manojo de papeles en la mesa, se vuelve a mirarla con una sonrisa interrogadora. Hace un gesto con la cabeza, cerrando los ojos con una expresión que a ella ya le resulta familiar.

—La silla eléctrica —insiste Tina en un tono neutro.

Él asiente, después se busca los cigarrillos en el bolsillo y saca un paquete arrugado en el que sólo queda uno. Se encoge de hombros y lo enciende. Da dos profundas caladas, se lo pasa a Tina y dice:

—Tú siempre estás pensando en cosas alegres.

—Creo que todas estas manifestaciones y protestas civiles y pacíficas no sirven para nada, porque de todas formas los matarán.

Vidali deja escapar una risita extraña, como si le complaciera el atisbo de rabia que ha advertido en su voz.

—Quizá no sirvan para salvarlos de la ejecución... Pero esos dos desgraciados no son lo más importante. Gracias a ellos, millones de personas de todo el mundo han visto por fin el verdadero rostro del Gobierno de los Estados Unidos. Por lo tanto, organizar esas manifestaciones ha servido para algo.

Tina lo observa haciendo un ligero gesto con la

cabeza. Después, cuando le vuelve a pasar el cigarrillo, dice mirándolo fijamente a los ojos:

—Para mí, la idea de dos inocentes retorciéndose en una silla eléctrica es más importante que otras cosas.

Vidali hace un gesto afirmativo y, mientras da una última y larga calada al cigarrillo, levanta la otra mano, para tranquilizarla.

—Claro, claro... no me entiendas mal. Pero cuando tú dices «dos inocentes», yo pienso que ésa no es la cuestión: es decir, a mí no me importa en absoluto que hayan sido ellos o no los que cometieron el robo y todo lo demás. Porque estoy convencido de que coger dinero de donde lo hay para financiar una organización es sagrado. No es ésa la idea que yo tengo sobre la inocencia o la culpabilidad.

—Tranquilízate —lo interrumpe Tina— tampoco es la mía.

—Lo sé. Y por eso estoy hablando de ello contigo y no con otros. Pero aclaremos bien una cosa: se es culpable, y mucho, cuando uno deja que lo descubran y arrastra al desastre a decenas de personas y años de actividad. Por lo cual, si decides hacer algo, tienes que saber hacerlo bien. Está claro.

Tina, con los brazos cruzados, le sostiene su mirada. En sus labios hay una expresión inusual, como una imperceptible sonrisa de desafío.

—Tú nunca tienes dudas, ¿verdad?

Vidali da algunos pasos con las manos metidas en los bolsillos, lanzándole de vez en cuando miradas indescifrables. Se detiene y dice con voz repentinamente seria:

—Las dudas son un lujo que aún no nos podemos permitir. Cada indecisión nuestra es como una puerta que se deja abierta. Y *ellos* siempre están dispuestos a meterse dentro. Porque los que están al otro lado del muro, Tina, tienen muy pocas dudas, créeme.

Ella se queda mirando fijamente durante unos instantes el fondo oscuro de la gran habitación. Después comienza a poner en orden los papeles con un movimiento impulsivo, con un embate de energía que la arranca de la maraña de pensamientos.

—Tal vez tengas razón —murmura— pero lo único que tengo claro es que te envidio.

Vidali se ríe, y su voz retumba en el silencio sobresaltando a Tina, que, sin embargo, no deja de abrir y cerrar cajones, metiendo en ellos carpetas y expedientes.

—¿Qué tengo yo de envidiable que tú no tengas?

—La seguridad de no equivocarte nunca —responde ella sin mirarlo.

—Cuando uno está convencido de hacer lo que debe, ninguna equivocación puede quitarle la seguridad en lo que está haciendo.

Tina gira la llave del último cajón y la deja debajo de un libro que está detrás de ella. Se vuelve, mira el rostro de Vidali iluminado por la única bombilla que cuelga del techo.

—Es difícil de explicar. Sabes... yo también estoy convencida de estar haciendo lo único que se debe hacer en este momento. Y todo lo demás... se ha vuelto menos importante de lo que era antes. Sólo que... yo no consigo hablar de dos compañeros que están a punto de ser asesinados con una descarga eléctrica como de un simple medio para congregar a la gente, para sensibilizar a una opinión pública que tal vez mañana se olvide de todo...

—Calma, calma, aquí estamos confundiendo un montón de cosas que sin embargo hay que diferenciar y valorar una por una —dice Vidali cogiéndola por los brazos.

Tina permanece impasible, pero advierte el calor

de esas manos que la aprietan, y que por sí solas explican más que las palabras lo que significa, para el hombre que está enfrente de ella, tener la seguridad invulnerable de estar obrando adecuadamente. Son manos decididas, sin el más mínimo temblor. Siente el impulso de cogerlas entre las suyas y observarlas, de estudiar cada arruga y cada vena para tratar de entender su pasado, de adivinar el presente...

–Tina, a veces la necesaria distancia que debemos mantener respecto a ciertos acontecimientos se confunde con el cinismo. Pero eso no significa que cada uno de nosotros no sienta en su interior lo que dices que sientes tú. Pero debes entender que nuestra fuerza está precisamente en esto, en reprimir ciertas emociones. Porque si no lo hiciéramos, nos dejaríamos arrastrar por reacciones impulsivas que nos llevarían sin duda a la derrota.

Ahora las manos ya no aprietan tanto, y los dedos se mueven lentamente sobre la tela de las mangas, como una caricia tranquilizadora que a ella le transmite una calma desconocida.

–Y la sensación de derrota, Tina, es un veneno que se sedimenta poco a poco, que corroe, que deja sin fuerzas para combatir. Si le permites que se insinúe, si no la rechazas con la voluntad, después cualquier intento de resistir resultará inútil.

Se separa; vuelve a meterse las manos en los bolsillos. Después, mirando de lado, añade:

–Y tal vez también debamos comenzar a dar más importancia a algunas palabras. *Compañeros*, para mí, es una palabra que tiene un significado muy concreto. Y no la uso muy a menudo... Mira, Sacco y Vanzetti son un símbolo, y deben ser defendidos por lo que representan. Pero son anarquistas, y como tales, no consigo considerarles como *compañeros* míos. El hecho de que hoy luchen contra un enemigo común, no quiere decir que no puedan transformarse algún día en enemigos potenciales. Lo que hace que estemos a su lado en este momento es sólo una batalla, una escaramuza... pero para conquistar el poder se impone una larga guerra, y tal vez ninguno de nosotros vea el final.

Tina se queda observándolo fijamente con una mirada que se apaga lentamente en la melancolía. Hace un gesto con la cabeza como para rebatir algo, pero después se da la vuelta y va a coger el chal colgado del gancho de la pared, dejando en suspenso la respuesta que no consigue pronunciar.

Vidali ojea distraídamente un registro y, mientras tanto, observa los gestos silenciosos de Tina, su cuerpo que se desliza en el claroscuro del salón polvoriento, lleno de periódicos apilados, viejos muebles desensamblados, banderas y pancartas enrolladas.

—Espera —dice de pronto Vidali cuando la ve dejar las llaves de la sede encima de la mesa— es muy tarde... será mejor que te acompañe.

Tina hace un gesto de sorpresa.

—Creía que tenías que acabar ese trabajo...

—De hecho volveré aquí enseguida. De todas formas hasta tu casa sólo hay dos pasos.

Ella asiente con una media sonrisa y un gesto de abandono. Después añade:

—No pienses que Ciudad de México es ese campamento de bárbaros que seguramente te han descrito en el Norte...

Vidali se cala el sombrero de fieltro negro, se pone la chaqueta, saca su inseparable revólver del cajón en donde lo había guardado y se lo coloca en la cintura, en la espalda. Sonríe abierta, alegremente, ofreciéndole el brazo con teatral galantería. Y dice:

—Si es por eso... tú también eres diferente de como te describen.

Tina se para en la puerta. Lo mira detenidamente al rostro, pero él evita su mirada.

—¿Puedo saber a qué te refieres? —le pregunta, intentando adoptar un tono de broma.

—Déjalo. Debía sonar como un piropo... pero al final siempre lo hago mal.

Salen; toman la calle de Mesones en dirección a la avenida Lázaro Cárdenas. Vidali le dirige una mirada extraña y murmura:

—De todas formas... uno de estos días intentaré explicarme mejor.

Capítulo 9

La relación con Weston se limita ahora a las cartas que se escriben con una intensidad invariable, si bien, por parte de ella, a medida que pasan los meses la frecuencia disminuye. Edward ha elegido de manera definitiva un mundo que, sin ser opuesto al suyo, es diferente y sin ningún punto de contacto. Y, sin embargo, él sigue siendo el único a quien ella puede transmitir sus inquietudes y sensaciones contradictorias, esas voces interiores que Tina se obliga a sí misma a callar cuando se entrega día y noche al trabajo de militante, poniendo todas sus energías en la organización del Socorro Rojo Internacional, en la compacta red de intercambios entre las asociaciones antiimperialistas del continente latinoamericano, e incluso en la fundación de un Comité antifascista de emigrados italianos en México. Con Weston puede dejarse llevar por un entusiasmo que él nunca podrá llegar a sentir, como cuando le describe la visita a una escuela experimental para niños de la calle e hijos de trabajadores, dirigida con métodos democráticos y antiautoritarios. No trata de convencerlo, ni le intenta explicar lo justo de sus decisiones. Evita las frases hechas, los eslóganes fáciles, las palabras que se repiten en las proclamas y en los comicios, y lo hace sin ningún esfuerzo, porque se trata de un lenguaje con el que no se identificará nunca.

La fotografía sigue siendo el punto de unión de sus sensibilidades. Se intercambian fotos, se comunican las impresiones y las sensaciones que éstas les despiertan. Cuando recibe una serie de fotos consistentes en una investigación de Weston sobre las espirales de las conchas, la reacción de Tina hace salir a la superficie esa emotividad instintiva e irrefrenable que él, y sólo él, conoce en profundidad:

> Dios mío, Edward, tus últimas fotos me han dejado sin respiración. Ante estas imágenes las palabras carecen de sentido. No puedo mirarlas durante mucho tiempo sin sentir una turbación indefinible. Me inquietan no sólo mentalmente, sino también de una forma carnal... Hay algo en ellas tan puro y al mismo tiempo tan perverso que llegas a comprender la inocencia de las cosas naturales y al mismo tiempo la morbosidad de una mente perversamente refinada. Me recuerdan a los lirios y al mismo tiempo a los embriones. Son místicas, y son eróticas...

Tina no se arrepiente, y está convencida de que el camino que ha tomado merece cualquier tipo de sacrificio, pero no querría que Weston pensara que para ella él ya no existe y que lo ha superado, porque su nueva vida no reniega del período pasional que ha transcurrido con él.

> No te imaginas lo mucho que suelo pensar en todo aquello que te debo, pues fuiste la única persona importante en ese período de mi vida, cuando no sabía qué dirección tomar ni hacia dónde dirigirme... Tú has sido mi única guía, tu in-

fluencia vital me ha iniciado en este trabajo que no sólo es un medio de ganarme la vida, sino algo que he llegado a amar con todo mi ser y que ofrece infinitas posibilidades de expresión. Aunque, últimamente, no estoy utilizando a fondo estas posibilidades...

Es cierto que la fotografía no le permite una comodidad y una seguridad económica, pero le da cuanto necesita para vivir. Gana lo indispensable para poder dedicar el mayor tiempo posible a la actividad política, actividad que muy pronto acabará atrayendo la atención de los espías italianos...

El 12 de mayo Tina firma en *El Machete* una llamada a participar en una manifestación en memoria de Gastone Sozzi, el joven trabajador asesinado en la cárcel de Perugia, donde estaba recluido por actividades antifascistas. Un agente de la OVRA que trabaja para la Embajada italiana se infiltra entre los manifestantes, con la misión de identificar a la firmante y hacer un informe. El 3 de julio, el Ministerio de Asuntos Exteriores envía el siguiente telegrama al Ministerio del Interior:

> ... La Regia Legación en México nos comunica que el 11 de mayo ha aparecido en las paredes de la capital un cartel con el titular «Contra el terror fascista», obra del Partido Comunista local, que convocaba a la gente en su propia sede para protestar contra el supuesto asesinato del trabajador italiano Gastone Sozzi. Dicha manifestación no ha resultado digna de especial mención, ya que en la capital mexicana los comunistas sólo cuentan con un insignificante número de afiliados que apenas supera el centenar. Por tanto, no merecería la pena mencionarla si no hubieran tomado la palabra, además de algunos oradores mexicanos, dos italianos cuyos nombres eran desconocidos hasta

hoy en los ambientes de nuestros compatriotas. Es probable que se trate de nombres falsos, o de personas llegadas recientemente y respecto a las cuales todavía no poseemos más información. Los dos han dicho que representan a la Liga Antifascista, y han utilizado un lenguaje muy violento contra el Régimen. Uno de ellos sería un tal Enea Sormenti, que dijo ser un prófugo de Italia y parecía presidir la reunión. La otra persona es una tal Tina Modotti, que ha descrito la Italia actual como «una gran cárcel y un vasto cementerio»...

El Ministerio de Asuntos Exteriores decide abrir inmediatamente un «expediente Tina Modotti», descubriendo que ya existía una anotación sobre el mismo apellido que se remontaba a febrero de 1926 y en la cual el Consulado general de Italia en San Francisco denunciaba al hermano de Tina, Benvenuto, como «antifascista activo» perteneciente a un grupo subversivo denominado «Reivindicación».

Es el comienzo de un constante control de Tina por parte de la OVRA, que se ensañará también sobre sus familiares en el intento de hacerla caer en una trampa tendida por sus agentes con el fin de repatriarla y procesarla. Una parte de su correspondencia será interceptada y, al no poder conseguir su objetivo principal, el contraespionaje fascista llegará a perseguir a algunos de sus parientes lejanos. Dino Modotti, primo de Tina, emigra a Bolivia en 1926, donde se dedicará a realizar todo tipo de trabajos, incluido el de fotógrafo ambulante. En este país sudamericano cree que podrá expresar por fin sus ideas anarquistas durante tanto tiempo reprimidas en Italia, pero no sabe que, a causa de su apellido, la OVRA le sigue incesantemente el rastro. Hasta que, en 1933, la Embajada italiana conseguirá que el Ministerio de la Guerra boliviano lo arreste. Después de obligarle a escribir una carta de abjuración y de total apoyo al Gobierno fascista, es liberado. Pero su existencia está marcada y, entre miserias y persecuciones, decidirá poner fin a su vida a los cincuenta años de edad, disparándose un tiro en la boca.

Tina, que no sabe nada de esto, no hace nada para ocultar su compromiso como militante, que cada vez es mayor; al contrario de Vidali, que se aleja gradualmente de los actos públicos y evita cuidadosamente hacerse notar fuera de las reuniones entre los dirigentes. Para ganarse su propio sustento, pero también para enviar todos los meses una pequeña suma a su madre, Tina aumenta su ritmo de trabajo, sobre todo haciendo fotos por encargo para *Mexican Folkways*. Además, recibe de José Clemente Orozco el encargo de fotografiar sus frescos. Orozco es uno de los tres mejores muralistas mexicanos y también considera inseparables la actividad artística y la revolucionaria. Pero sus tendencias anarquistas lo distancian cada vez más de Rivera y de Siqueiros, sintiendo que el comunismo, tal y como lo entienden en el partido, no tiene nada que ver con él, porque no forma parte de su tierra y de sus gentes.

Cuando Xavier Guerrero se traslada a Moscú, el apartamento de Tina se transforma definitivamente en un taller de trabajo e, invadido de negativos, ácidos y positivos, apenas queda espacio en él para las visitas y las reuniones nocturnas con los amigos. Pero Tina no niega nunca la hospitalidad a militantes extranjeros de paso; tanto es así, que muy pronto la dirección de Abraham Gonzáles es más conocida que la de la sede del partido. El resto del tiempo lo pasa en la redacción de *El Machete*, convirtiéndose en poco tiempo en una colaboradora imprescindible del director Rosendo Gómez Lorenzo.

Una tarde de junio de 1928, en el pequeño despacho perennemente lleno de improvisados corresponsales, entra Julio Antonio Mella. Tina ya lo ha visto en algunas manifestaciones, pero es la primera vez que el joven cubano la advierte y muestra un interés especial por ella. Gómez Lorenzo les presenta y propone ir a tomar un café juntos.

Al salir de la redacción, el director se sonríe para sus adentros: los dos no hacen nada para disimular su evidente y recíproca atracción. Más tarde, Julio la acompaña a casa, recorriendo el breve trayecto hasta la calle Abraham Gonzáles en una acalorada discusión sobre la fotografía de Tina, que él ya admiraba desde hacía algún tiempo, y sobre la tierra cubana, donde él jura volver enseguida para fomentar la revuelta contra la dictadura.

Capítulo 10

Julio Antonio Mella todavía se sentaba en los bancos de la escuela cuando el fragor de la Revolución de Octubre llegó hasta la isla de Cuba, encontrando enseguida allí terreno abonado entre los oprimidos por un colonialismo que, a través de los siglos, había cambiado de rostros y de lema, pero no de métodos y fines. Mella se queda impresionado por la figura de Lenin, se arroja con fervor sobre los pocos escritos que consigue recuperar y prosigue la búsqueda de sus libros viajando a los países vecinos. Pero también se queda fascinado con aquel comandante del Ejército rojo que guía a sus hombres a la batalla en un tren blindado repleto de cañones y de ametralladoras, aquel Lev Davídovich Bronstein, llamado Trotski, que se mueve incansablemente de un punto a otro de la inmensas estepas atacando sin tregua a las divisiones blancas de los generales Denikin y Wrangel.

En 1919, Mella se traslada durante algunos meses a México, donde comienza a escribir un libro que titulará *Diario de viaje*; en esta obra, se entremezclan las sensaciones que le suscitan los lugares y las personas con las consideraciones políticas y la denuncia del saqueo perpetrado por el antiguo y el nuevo colonialismo en América Latina. Al regresar a La Habana, se matricula en la Facultad de Filosofía y Letras, donde se distingue inmediatamente como líder de la protesta estudiantil. Dotado de una gran capacidad comunicativa, es el inductor de todas las revueltas, teoriza la acción directa individual y colectiva, pero es también la mente organizadora que aúna las luchas universitarias con las de los trabajadores y campesinos. Funda y dirige la revista *Juventud* y se convierte en el promotor de un centro de estudios anticolonialistas que se transformará en la Universidad Popular José Martí. En 1923, el general Machado desencadena una oleada represiva que para Mella significará la expulsión de los cursos universitarios al ser acusado de sedición. En 1925 organiza con Carlos Baliño el congreso constituyente del Partido Comunista Cubano, pero al poco tiempo es detenido debido a la explosión de una bomba en el teatro Payret, que el Gobierno instrumentaliza para decapitar a la oposición acusando del atentado a los comunistas. Mella rechaza cualquier tipo de defensa legal, y hace inmediatamente una huelga de hambre que en dieciocho días desencadena una vasta movilización en toda la isla. Los dirigentes del partido no aprueban su decisión, pues consideran que la huelga de hambre es un método de lucha individualista y que sólo los intelectuales burgueses que tienen la suficiente comida pueden permitirse no comer en señal de protesta...

Pero las manifestaciones se multiplican, y el Gobierno prefiere desactivar el potencial explosivo. Tras ser liberado, Mella decide evitar una segunda detención huyendo al exilio, donde podrá continuar su actividad contra la dictadura. Desembarca en Honduras y se traslada a Guatemala, desde donde pasará a México en 1926, obteniendo asilo político del Gobierno de Plutarco Elías Calles. Nombrado miembro del comité ejecutivo de la Liga Antiimperialista de las Américas, en febrero de 1927 viaja a Bruselas para representar a la Liga en el Congreso mundial contra la opresión colonial, y después a Moscú para asistir al Congreso de la Organización Sindical Internacional.

Al volver a México, dedica todos sus esfuerzos a la creación de la Confederación Sindical Unitaria Mexicana, para contrarrestar al poderoso sindicato amarillo de la Confederación Regional Obrera Mexicana, la CROM. Pero renuncia a lo que sigue siendo el principal objetivo de su compromiso político: organizar una expedición a Cuba para desencadenar la insurrección.

Julio es alto, atlético, con un rostro que expresa todo el ímpetu pasional con el que afronta la vida y una mirada penetrante que puede manifestar repentinamente una ternura infantil. Posee un carácter impulsivo, impetuoso, opuesto a los bizantinismos y a las maniobras subterráneas de los aparatos del partido, ajeno al cinismo de sus funcionarios. Y su forma de hablar, sus gestos, emanan una sensualidad solar, una carnalidad que procede de la naturaleza de la isla del Caribe, compuesta de contrastes violentos y dulzura innata. Tina se enamora de Julio hasta tal extremo que descubre que nunca ha sentido tanta intensidad en sus emociones; él por su parte la ama con una pasión frenética, apremiante, con el mismo ritmo incansable con que ha vivido cada minuto de sus veintisiete años. La llama *Tinísima*, le escribe breves cartas apasionadas el día que no puede verla, irrumpe en su vida como un huracán tropical. En septiembre de 1928 deciden vivir juntos, y Julio trasladada su máquina de escribir y sus paquetes de libros al ya caótico apartamento del quinto piso. Justo después debe ir a Oaxaca por compromisos políticos, desde donde le escribe:

Tinísima: sólo unas pocas líneas después del telegrama que te mandé ayer. Quizá el telegrama te haya parecido una imprudencia, porque lo que existe entre nosotros sigue llenándote de temores y preocupaciones, como si se tratara de un crimen... Pero estoy convencido de que es lo más natural y lícito de nuestra propia vida, si no necesario. De todas formas, pensé que para ti era importante recibir esas líneas la misma noche de mi llegada. ¿O no?

Tu imagen ha permanecido en mis ojos durante todo el viaje. Pero te veo aún «de luto», en tu ropa y en tu espíritu, mientras me saludas por última vez tratando de venir hacia mí...

Tina sigue siendo considerada por todos como «la mujer de Xavier Guerrero», y en el partido no faltan las críticas por haberse enamorado de Mella cuando hace tan poco tiempo que se ha marchado Xavier. Mella no imagina la angustia interior que está viviendo Tina, que se debate no sólo entre la lealtad que cree deber a Xavier, sino también por los juicios tan poco comprensivos de sus compañeros. La hermana de Xavier, Elisa, no pierde la ocasión para afirmar en público que Tina nunca ha amado a su hermano, y que siempre lo ha engañado.

Unos días después, el 15 de septiembre, Tina decide aclarar definitivamente la relación con Xavier, escribiéndole una larga carta a Moscú.

X., ésta es la carta más difícil, dolorosa y terrible que he escrito en toda mi vida. He tardado mucho tiempo antes de decidirme a hacerlo, ante todo porque quería estar bien segura de lo que estoy a punto de decirte, y además porque sé el efecto que tendrá sobre ti.

Necesito toda la calma posible y la máxima serenidad de espíritu para exponerte las cosas de una forma clara, sin ambigüedad, y, sobre todo, para no dejarme dominar por la emoción, que sería inevitable si me pusiera a pensar en lo que representa para ti esta carta.

X., a veces, cuando pienso en el dolor que te causaré, me siento un ser monstruoso y cruel. Y creo que eso es exactamente lo que pensarás de mí. Otras veces me veo como una víctima de la fatalidad, arrastrada por una fuerza oculta que decide sobre mi vida sin que yo pueda oponerme. Pero soy la primera que rechaza ciertas excusas como «la fatalidad» y las «fuerzas ocultas». En resumen ¿qué soy en realidad? ¿Por qué actúo así? Creo sinceramente que tengo sentimientos honestos, que siempre he buscado el bien de quien está cerca de mí antes que el mío, y que no soy cruel por naturaleza o por instinto. Y la prueba está en el hecho de que si me veo obligada a serlo, como en este momento contigo, sufro terriblemente, tal vez aún más que tú, por las consecuencias...

Pero ya es hora de que te diga lo que debo decirte: amo a otro hombre, lo amo y él me ama, y este amor ha hecho posible lo que yo creía que nunca iba a suceder, es decir, sentir que ya no te amo.

X., podría hacerte un largo informe de cómo ha nacido este amor, de cómo ha ido creciendo hasta el extremo de verme obligada a decírtelo. De cómo he luchado contra mí misma para sofocarlo, para extirparlo de mi vida (te juro que he pensado incluso en el suicidio, pero era una solución demasiado vil...). Podría contarte por último todos los tormentos que me ha causado este terrible dilema que se me ha presentado. He pensado en todo, pero antes que nada en ti. Y todavía más en las consecuencias que mi decisión provocará en la labor revolucionaria. Ésta ha sido mi preocupación, mayor incluso que la preocupación por ti. Al final he llegado a la conclusión de que, sea como fuere, contigo o con otro, aquí o en otro lugar, lo poco útil que puedo hacer por la causa, nuestra causa, no se resentirá por esto. Porque mi compromiso no es un simple reflejo, y mucho menos el resultado de amar a un revolucionario, sino una convicción profundamente enraizada en mí y por la cual te debo mucho, X. Tú has sido quien me ha abierto los ojos, tú has sido quien me ha ayudado en el momento en que he sentido derrumbarse bajo mis pies el andamiaje de mis viejas convicciones. Y a pesar de todo lo que siento que te debo, así es como te lo agradezco...

Es una sensación horrible, X. Lo único que me consuela un poco es saber que eres fuerte, pensar que conseguirás dominar el dolor que te estoy causando. Me pregunto si tú, ahora, dudarás de la sinceridad de mi amor por ti... Créeme, X., te juro que el sentimiento que alimentaba por ti era el orgullo de mi vida. Y a pesar de esto, ha sucedido lo que ha sucedido. ¿Cómo es posible? Yo misma no lo sé, no lo entiendo, pero siento que es una realidad concreta e inevitable, y que no puedo actuar de una forma distinta a como lo estoy haciendo.

Pensaba esperar otro momento para decírtelo personalmente, a tu vuelta, o ir allí para hablarte de ello. Pensaba que sería más justo y leal que decírtelo de esta forma, por carta. Pero me he dado cuenta de que seguir escribiéndote en el mismo tono, que antes era natural, ahora hubiera sido una falsedad, una forma de engañarte, y te respeto demasiado para hacerte tal cosa. De todas formas, no hubiera conseguido fingir, porque no puedo, no debo engañarte, pero tampoco traicionar la realidad presente...

Xavier opta por el silencio. No hay ninguna respuesta a la carta de Tina, que, sin embargo, parece haberse liberado, al menos en parte, de un gran peso. Aunque sienta algún remordimiento por la relación con Xavier, al menos se ha negado a engañarlo. Y Julio, con su presencia arrolladora, no le deja tiempo para atormentarse.

Tina no se cansa de retratarlo en decenas de fotos, que exaltan a través del rostro los aspectos de su personalidad. Hay un abismo que parece insuperable, para quien no lo conoce profundamente, entre su imagen de perfil, con la mirada decidida y los músculos en tensión, y el mismo rostro sorprendido en el reposo, con los ojos cerrados, los cabellos negrísimos y ondulados que se abandonan sobre la almohada. Sólo durmiendo, con sus labios distendidos en una sonrisa natural, Julio vuelve a ser un joven de veintisiete años, libre de los presentimientos de muerte que cada día se ciernen más sobre él, a pesar de que se niegue a aceptarlos.

Con Tina comparte también la gestión del comité «Manos Fuera de Nicaragua», organismo de apoyo a la lucha de Augusto César Sandino contra la ocupación estadounidense. Continúa escribiendo para *El Machete*, trabajando sin cesar con la pequeña portátil que Tina inmortaliza en una fotografía que se adelanta a una cierta estética modernista. Y funda una nueva revista, a la que llama *Tren Blindado*...

La elección del nombre no es casual. Y en Moscú, alguno la interpretará como una confirmación de sus tendencias trotskistas, una provocación que podría significar una condena inapelable. El enfrentamiento decisivo entre Trotski y Stalin ha tenido lugar en 1924. El principio de la «revolución permanente», defendido por el primero como medio irrenunciable para la derrota del imperialismo occidental, se opone al de la «revolución en un solo país» propugnado por Iosif Visariónovich Dzhugashvili, denominado Stalin, *el hombre de acero*. A la muerte de Lenin, el ambicioso georgiano teje una sutil y compleja trama de alianzas dentro del partido que minan el poder personal y político de Trotski. De nada servirá el enorme carisma del que goza en toda la Unión Soviética. En enero de 1925 Trotski se ve obligado a dejar el Comisariado para la Guerra, en octubre de 1926 es expulsado del Politburó, y en el verano de 1927 del Comité central. Tres meses después, Stalin consigue su expulsión del partido. A Trotski no le queda más que el exilio.

La difícil y despiadada lucha entre los dos conceptos opuestos de revolución socialista, se extiende a todos los llamados «partidos hermanos». Y en México llegará a uno de los grados más encarnizados.

El PCM es considerado por el Komintern como la base de la ideología moscovita en el continente americano. Los reflejos de la línea vencedora en Ciudad de México están destinados a influir en las opciones de todas las realidades de lucha latinoamericanas. Stalin puede contar con un comité central formado por dirigentes que le son completamente fieles, junto a los cuales, sin embargo, emergen figuras carismáticas peligrosamente atraídas por el pensamiento trotskista. Y precisamente para apoyar a los primeros es enviado a México Vittorio Vidali. Su tarea es coartar abiertamente cualquier forma de oposición, siguiendo las órdenes *operativas* que se derivarán de ello.

Julio Antonio Mella nunca se ha puesto abiertamente del lado de Trotski, pero a su firme convicción de querer fomentar la insurrección en Cuba se opone Moscú sin posibilidad de ningún acuerdo. Cada foco de guerrilla representa para el Komintern un peligro para la consolidación del poder en la Unión Soviética, porque puede favorecer e incentivar los ataques de las potencias capitalistas. En tal fase histórica, los partidos comunistas deben trabajar exclusivamente para impedir sublevaciones armadas en las respectivas áreas de influencia.

En el 4.º Congreso de la Sindical Internacional, Mella conoce al comunista español Andrés Nin, que le expone las tesis de la Oposición de Izquierda a la política de colaboración entre las clases defendida por Stalin y Bujarin. El dirigente argentino Victorio Codovilla hace circular inmediatamente un documento interno en el que exige la expulsión de Nin por desviacionismo, por lo cual se celebra una reunión en donde se someterá a votación su propuesta. Mella comparte las opiniones de Nin, pero es consciente de que no se puede permitir el implicarse en ellas abiertamente, pues ello lo aislaría inexorablemente. Pero tampoco quiere hacerse cómplice de la expulsión, así que decide no presentarse en el momento de la votación, desencadenando la inmediata reacción de Codovilla, que hace presión en todos los organismos que están bajo su influencia para organizar una campaña denigratoria contra el cubano. Cuando el congreso propone elegir un delegado que represente a los latinoamericanos en la dirección de la Internacional, la mayoría apoya la candidatura de Mella. Pero Codovilla, respaldado por la derecha, teje contra Mella una minuciosa trama de acusaciones que acabará obteniendo el resultado esperado: es elegido el venezolano Ricardo Martínez, vinculado a Codovilla y acérrimo adversario de Mella.

Al volver a México, Mella deja de lado cualquier divergencia y trata de no inmiscuirse en las luchas intestinas redoblando los esfuerzos de organización y preparando manifestaciones y debates contra la 6.ª Conferencia Panamericana, que está creando las bases de la nueva hegemonía imperialista en el continente. Pero no acepta la imposición del Komintern

95

de abandonar los objetivos insurreccionales, y con su amigo Sandalio Junco funda la Asociación Nacional de los nuevos emigrados revolucionarios de Cuba, cuya finalidad es preparar una expedición armada en 1929. La consecuencia es un aumento de la tensión con los dirigentes del PCM, cuyas relaciones con los comunistas cubanos estaban ya a punto del enfrentamiento.

Cuando Mella había llegado a México, el partido estaba afrontando una profunda crisis interna debida al abismo existente entre la realidad del país y las directrices de Moscú. Desde el 2.º Congreso de 1925 al 4.º de 1926 se había producido una fisura entre la dirección de Xavier Guerrero, Alfaro Siqueiros y Rafael Carrillo, y el ala derecha de Galván, Edgar Woog, llamado Stirner, y Díaz Ramírez, que propugnaba la alianza con algunos sectores del Gobierno. El sectarismo estaba llevando al partido a un callejón sin salida, y el viraje a la derecha de la Internacional impuesto por Bujarin en 1926 convulsionaría sus cimientos. A los pocos días, el PCM modificaba sustancialmente su línea política y daba su apoyo al gobierno «nacionalista y revolucionario» de Elías Calles. Mella se sometería a las imposiciones del Komintern, pero crearía al poco tiempo nuevos enfrentamientos en el terreno de las elecciones sindicales.

Álvaro Obregón es reelegido presidente en la segunda vuelta, sucediendo a Elías Calles. Como general de Carranza, había contribuido a ahogar en sangre la rebelión de los zapatistas y villistas, y el brazo manco se lo debía precisamente a Pancho Villa, que se lo había cortado durante la batalla. En 1923, conseguida la presidencia, la ocasión para vengarse coincidiría con los intereses estadounidenses: doce sicarios tienden una emboscada a Villa en el pueblecito de Parral, acribillando su coche a tiros. Los conservadores llaman a Obregón «el Lenin mexicano»,

La pequeña Tina a los cuatro años

Tina y Roubaix de l'Abrie Richey «Robo» en su casa
de Los Ángeles

Tina Modotti en la película *The tiger's coat*
rodada en Hollywood, en 1920

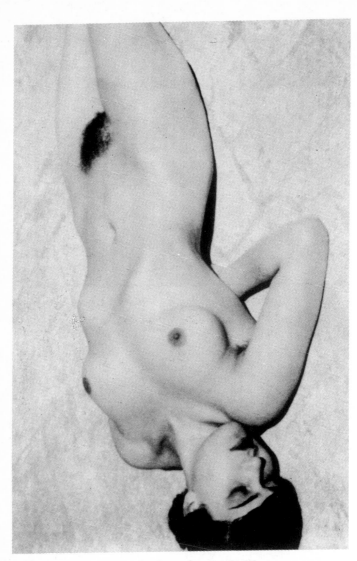

Tina posando desnuda para E. Weston
en la terraza de su casa de Ciudad de México en 1924

Retrato de Edward Weston por Tina Modotti, 1923

El joven dirigente comunista Julio Antonio Mella
fotografiado por Tina en 1928

Xavier Guerrero, por
Tina Modotti

Vittorio
Vidali, el
comandante
Carlos, en
1932

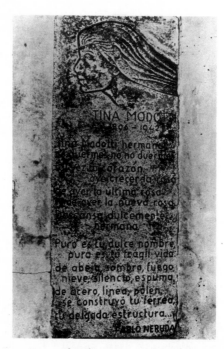

Ficha policial de Tina en Italia

La tumba de Tina con la poesía
de Neruda en el cementerio de
Dolores en Ciudad de México

pero él prefiere sintetizar su filosofía de gobierno en una frase que se convertirá en el emblema de una clase política: «No hay general que resista a un cañonazo de cincuenta mil pesos.»

En 1927 lanza una ofensiva contra los sindicatos de la CROM, y la indecisión del partido comunista paraliza cualquier iniciativa de la oposición. Mella sostiene que ha llegado el momento de aprovechar las circunstancias para construir una nueva central sindical de izquierdas. Sin embargo, la CROM está tan corrupta que la gran base trabajadora corre el peligro de encontrarse dividida frente a los ataques gubernativos, y sin esperar las decisiones del partido, el cubano se pone a trabajar para reorganizar la lucha sindical. En el 5.º Congreso del PCM de abril de 1928, Mella y su grupo presentan la propuesta sosteniendo la inminente desintegración de la CROM y la actual crisis de la CGT anarquista, pero resultan minoría y son derrotados por la dirección, que ve en su iniciativa una posterior dispersión de las fuerzas trabajadoras. Mella no se somete a las decisiones del partido y, junto a otros militantes, continúa el trabajo ya iniciado. Entonces el comité central lo acusa de atentar contra la unidad.

Pocos días más tarde, tiene lugar una conferencia sindical en Montevideo, donde Codovilla y Martínez piden la expulsión de Mella por indisciplina hacia el partido. El comité central opta por una solución de compromiso: Mella debe condenar públicamente el trotskismo y renunciar a las tesis de la Oposición de Izquierda; a cambio será nombrado secretario nacional. Todo esto sucede la víspera del 6.º Congreso de la Internacional en Moscú.

El 17 de julio, un fanático de Cristo Rey mata a tiros en un restaurante al presidente Álvaro Obregón. Justo después, sale a la luz que los dirigentes de la CROM están implicados en el atentado. Los comunistas deben volver a considerar la postura que han mantenido hasta ahora, y Mella, el rebelde que se obstina en rechazar la lógica del aparato del partido, vuelve al ataque. Aprovechando la disgregación que se ha producido a causa de los burdos errores cometidos por la dirigencia de centro derecha, calla al conservador Stirner y, con Diego Rivera, decide enfrentarse en Moscú con la intransigencia del Komintern y hasta con el mismo Stalin. Apoyado por los delegados de los trabajadores y campesinos, vence en la votación que se realiza acerca de la nueva central sindical. Los dirigentes de la Internacional se ven obligados a acusar el golpe, y permiten que se comience a organizar la Confederación Sindical Unitaria de México. Stalin no replica, se limita a esbozar una sonrisa que sus adversarios aprenderán enseguida a reconocer; ese asentir lento, de padre bonachón, que preludia la venganza inminente, es su forma de emitir condenas inapelables. Para ello sabrá esperar años en algunos casos, y sólo algunos meses en otros.

En septiembre de 1928, Stirner pide la expulsión de Julio Antonio Mella por «el crimen de trabajar contra la línea de partido en la dirección del dualismo sindical». Lo apoyan Xavier Guerrero, Rafael Carrillo y Vittorio Vidali. Muchos dirigentes de las posiciones centristas se inclinan hacia la derecha, haciendo un frente contra la izquierda encabezada por Mella y Diego Rivera. Para relanzar la ofensiva, habían esperado el regreso de la delegación de Moscú. El enfrentamiento paraliza el proyecto, que, sin embargo, ha sido aprobado por la Internacional, y Vidali propone un sindicato compuesto exclusivamente por comunistas, provocando la retirada de los anarquistas de la CGT del comité organizador y la abstención de muchos sindicatos que habían roto con la CROM. El partido corre el peligro de una fisura insanable, y Mella es destituido sumariamente del comité central y aislado. Ante la prohibición absoluta de organizar una expedición a Cuba, deja de colaborar con el partido. Estamos en diciembre de 1928, un mes antes de su asesinato.

Durante una acalorada reunión en la sede de la calle Mesones, Vittorio Vidali pierde el control, se acerca a Julio Mella y le grita a la cara: «¡No te olvides nunca de que de la Internacional se sale sólo de dos maneras... expulsado, o muerto!»

Capítulo 11

Los tallos emergen en primer lugar, resaltando contra el fondo de una pared gris, señalada por los humores de quién sabe cuántas manos. Después los claroscuros aíslan la blancura de las dos flores, una pareja sinuosa de lirios que tienden hacia la luz, hacia lo alto, divergentes y separados por un sutil confín de vacío que impide su contacto. Es una fotografía que Tina hizo hace casi un año, y que ahora ha decidido volver a pasar a papel para una revista, una de las muchas que le permiten sobrevivir. Lirio. Tina pronuncia con el pensamiento la palabra en italiano, y se pregunta qué relación puede tener con el término español, idéntico y sin embargo con un significado tan diferente.* En México esa flor se llama *alcatraz*. Por un momento vuelve a ver San Francisco, los rostros y los años que ya pertenecen a otra época y a otro mundo, *Alcatraz*. Quién habrá sido tan cínico y tan cruel como para poner el nombre de una flor tan sensual a la cárcel de San Francisco... Una flor que con su forma grácil parece un símbolo de la libertad

* *Calle*, en italiano es lirio. *(N. de la T.)*

101

reconquistada, el emblema de una naturaleza carnal, palpitante de calor solar, una invitación a colmarla de lluvia tibia, una llamada a fecundarla de vida...

El agua descompone los últimos restos de ácido, la imagen se materializa en el papel y los dos lirios afloran a la superficie, como si quisieran romper la dimensión a la que están sometidos.

Tina coge la foto con las pinzas, sacude el papel manteniéndolo en alto y lo cuelga de la cuerda extendida en el centro del cuartito.

Corre la cortina negra y ve la espalda de Julio curvada sobre la máquina de escribir. Está inmóvil, la mirada fija en las teclas, la expresión perdida.

Se vuelve. Esboza una sonrisa. Y sus ojos vuelven a perderse en el vacío.

Tina da unos pasos hacia él, extiende las manos para acariciarle los cabellos. Pero se detiene un segundo antes, congelada por esa mirada vítrea que la atraviesa como un espectro.

—Julio...

Él hace un ligero movimiento de sorpresa, como si oír pronunciar su nombre lo inquietase. Después hace un gesto con la cabeza, suspira asintiendo a la pregunta muda que lee en el rostro de ella. Se levanta, vuelve a sonreír y la abraza de forma violenta, desesperada.

Tina esconde el rostro contra su pecho, y él respira el perfume de sus suaves cabellos.

—Deberías llevarlos siempre así, Tina —murmura hundiendo sus dedos en la nuca de ella, acariciándola despacio.

Tina alza la vista, busca los ojos de él, que permanecen fijos en los cabellos.

—No vuelvas a recogértelos... —dice Julio con la voz ronca por la tristeza, con un tono de pesar que Tina advierte con una punzada en el alma.

Julio se aparta, vuelve a la mesita. Busca los cigarrillos, arruga el paquete vacío. Da algunos pasos por la habitación, se para junto a la ventana. Un cielo violáceo, con una claridad rojiza que arde por detrás de los espesos cúmulos de nubes. Está a punto de esconderse el sol. El aire es seco, repentinamente frío por la ausencia del sol. La estación de las lluvias está lejos.

—Quién sabe dónde estaré cuando vuelva la lluvia... —murmura mirando fijamente las nubes que se deslizan altas.

—Estarás aquí, conmigo —dice Tina, con un tono extraño en el que se mezclan la súplica y el reproche.

Julio se vuelve bruscamente.

—Contigo, sí, tal vez. Pero no aquí.

Tina se arroja a sus brazos; sacude la cabeza, y, con los ojos llenos de lágrimas, le dice:

—Te lo ruego, Julio... te has quedado solo. Todos tus compañeros están contra ti. Debes comprender...

—¿Compañeros? —mascula él con la mirada encendida de rabia—. Mis compañeros están en Cuba. Aquí... sólo queda una manada de burócratas sedientos de poder. Híbridos sin corazón ni entrañas... Para ellos, nuestra tierra es sólo una provincia un poco más alejada que Siberia... Están renegando de su sangre, ¿lo entiendes?

—Julio, no quieres darte cuenta...

Él le coge el rostro entre las manos, que tiemblan y no saben si abrazarla o rechazarla.

—Tina, escúchame... ¡Tú no eres como ellos! No puedes confundirte con esos...

La voz se le quiebra en la garganta. Se inclina y la besa en los labios, sin rozarla apenas. Después vuelve a mirar por la ventana. Tina lo abraza por detrás, apoyando la mejilla en su espalda.

—Recuerdas aquellas fotografías tuyas... —dice él en voz baja—. Aquellas de las manos del titiritero... Se están convirtiendo en eso. Colgados de los hilos, ciegos y sordos, convencidos de que sólo existe una realidad y un solo jefe. Los ideales, los sentimientos, las pasiones... todo debe ser destruido en nombre del partido. No era esto lo que queríamos... no era por esto por lo que hemos sacrificado todo.

Coge la mano que ella ha apoyado en su pecho y le besa la palma. Después se aleja, se pone la chaqueta y dice con un tono repentinamente frío:

—Voy a la redacción. Debo volver a ver un artículo.

Tina hace un brusco movimiento hacia delante, se precipita a besarlo, con un frenesí que no oculta el miedo en su mirada.

—Te lo ruego, Julio. Deja que el tiempo resuelva las cosas... Es un momento terrible, no puedes seguir enfrentándote a las situaciones de este modo...

Julio sonríe, echa la cabeza hacia atrás y abre los brazos. Por un momento ha vuelto a ser el chico de años atrás. Pero ahora la alegría es un esfuerzo que no consigue distender la profunda arruga de la frente.

—No temas, Tinísima. ¿Cómo dicen tus amigos mexicanos? *Hay más tiempo que vida...*

Se dirige hacia la puerta y sale sin volverse.

Tina oye el eco de sus pasos en las escaleras, los golpes en los escalones saltados de tres en tres, y el ruido sordo del portal, que permanece durante algunos segundos suspendido en el aire inmóvil del pequeño apartamento.

La sangre se expande sobre la sábana de color crudo que le han echado por encima. Una mancha de color rojo oscuro cala la tela amarillenta, brilla un segundo y se vuelve inmediatamente opaca al pasar bajo las lámparas del interminable pasillo. Un reguero de sangre recorre el brazo que cuelga abandonado fuera de la camilla, trazando un sendero de gotas negras sobre el suelo de piedra gris. Tina se separa del policía que continúa haciéndole preguntas como en una interminable letanía, corre detrás del grupo de enfermeros, llega hasta él y le aferra la mano que cuelga inerte. Está fría, gélida como el metal de la camilla medio oxidada. Pero en pocos segundos la vida vuelve a afluir a sus dedos, que se entrelazan con los de ella, apretándolos con la última energía.

Julio abre los ojos, busca desesperadamente el rostro de Tina. Ella se echa hacia delante, sigue corriendo detrás de la camilla. El ruido de los zapatos en el pasillo desierto y el chirrido de las ruedas oxidadas producen un estruendo desgarrador, el fragor obsceno de la muerte que vela su mirada aún viva. Cuando se detienen para abrir la puerta de la sala de operaciones, por fin la ve: levanta la cabeza temblando por el esfuerzo, murmura algo que sólo ella puede entender, le acaricia levemente la mejilla con la palma de la mano ensangrentada. Esboza una sonrisa, cierra los ojos asintiendo a duras penas, le da un último apretón en el brazo con que ella le sujeta la cabeza.

–No me dejes, Julio... no te rindas... –murmura Tina tragándose las lágrimas.

Él emite un suspiro doloroso, interrumpido por los espasmos causados por la sangre que le inunda los pulmones. La atrae hacia él, y antes de que le crucen al otro lado de la puerta, consigue decir:

–*Ya no hay tiempo... ni vida...*

Desaparece en la cegadora claridad que ilumina una mesa de acero, rodeado de figuras blancas y fragmentos de rostros inexpresivos. La imagen dura un segundo, después las hojas de la puerta se cierran de golpe.

Hay un silencio opresivo, que agiganta los lamentos lejanos de otros moribundos. Ecos lúgubres, voces indiferenciadas de sufrimientos ajenos, ruidos confusos... Pasos rápidos, fuertes, de un hombre que llega corriendo. Tina advierte que hay alguien a su espalda sólo cuando la respiración jadeante es el único sonido diferenciado.

Es Sandalio Junco, *El Negro* Sandalio, dos ojos dilatados de angustia y rabia en un rostro oscuro que brilla de sudor en la sombra. Una mirada que querría acusarla, pero que en unos segundos se empaña de una tristeza anonadada. Abre la boca y la voz se le quiebra en la garganta, porque ya no tiene sentido ninguna palabra. Se queda mirándola fijamente en silencio, moviendo la cabeza para contener el dolor que no puede explotar en un aullido liberador.

Tina baja la mirada, se aprieta las sienes con las manos y parece empequeñecer en ese cuerpo suyo repentinamente curvado e inerte.

Sandalio se echa hacia atrás, alcanza la pared y se apoya con las manos en la espalda en las baldosas heladas. Inspira el aire dulzón de descomposición y desinfectantes hasta quedarse atontado. Después, con una calma endurecida, se separa de la pared y mira por última vez a aquella figura femenina, inmóvil en el centro del pasillo.

—Se ha acabado... ahora sí que se ha acabado todo de verdad —dice con un hilo de voz cavernosa, exhausta. Camina lentamente hacia la salida, y se desliza al lado de un grupo de policías y periodistas que irrumpen con un clamor ensordecedor.

Capítulo 12

La muerte de Julio señala un punto sin retorno. La militancia se convierte para Tina en el único refugio capaz de protegerla de dudas y quebrantos. *El partido siempre tiene razón* es el anestésico que le permite superar cualquier inquietud, la respuesta a todas las incertidumbres. Un mes después del asesinato, se anuncia un acto conmemorativo en honor de Mella en el Teatro Hidalgo, durante el cual Tina declara: «Han asesinado no sólo al enemigo de la dictadura cubana, sino también al enemigo de todas las dictaduras. Volvemos a afirmar que el general Gerardo Machado fue quien dio la orden.»

Pero, al escribir a Weston, el tormento de la incertidumbre prevalece, y renegar del pasado para obligarse a no mirar hacia atrás se le presenta como una decisión muy dolorosa.

... Oh, Edward, estar cerca de ti durante algunos instantes, poder desahogar las emociones contenidas que se agitan dentro de mí... Tú podrías no estar de acuerdo con todo lo que querría decir, pero en este momento eres uno de los pocos que pueden entender la tragedia de mi corazón, y sentirla conmigo. Y, sin embargo, hoy no puedo permitirme siquiera el lujo del dolor, porque sé que ya no hay tiempo para las lágrimas; se espera el máximo de nosotros, y no debemos fallar, ni detenernos a mitad de camino. Detenerse ahora es imposible. Nuestra conciencia y la memoria de las víctimas no nos lo permiten.

Yo vivo en un mundo distinto, Edward. Es extraño cómo la misma ciudad y el mismo país me parecen tan profundamente distintos de hace unos años. A veces me pregunto si soy yo la que ha cambiado tan radicalmente, o si más bien hay una especie de sobreestructura que me envuelve. Es verdad que las creencias han cambiado, sobre esto no existe la menor duda. Pero en lo que se refiere a la manera de vivir, a las nuevas costumbres, a los gustos y a todo lo demás, ¿son simplemente el resultado de un determinado ambiente o han sustituido realmente a la existencia de otra época? Aún no he conseguido aclararlo. Quiero decir: ¿esta nueva manera de vivir la he adoptado para encontrar espacio en un nuevo ambiente, o bien ha tomado realmente el puesto de la antigua?

Nunca me había parado a preguntármelo antes. Y no entiendo por qué lo estoy haciendo ahora...

Hay alguien que ha decidido ayudarle a calmar su angustia interior, que está a su lado para apoyarla con toda la fuerza de sus certezas absolutas. Vittorio Vidali posee una energía especial, una extraordinaria capacidad de seducir con su fe inquebrantable unida al mito de la acción. Durante los días siguientes al homicidio de Mella desaparece en la nada. Motivos de seguridad, explicará más tarde, y en efecto, su papel y sus actividades en el Komintern justifican tales precauciones. No se expone, pero siempre encuentra tiempo para estar junto a Tina, para transcurrir largas horas en acaloradas discusiones, para controlar personalmente que su tormento silencioso no se transforme en una crisis peligrosa...

Capítulo 13

Tina ha conocido a Frida Kahlo un año antes, en el período en que José Vasconcelos intentaba impedir el ascenso al poder de Pascual Ortiz Rubio como sucesor de Obregón. La campaña de Vasconcelos no había conseguido derrotar al que se presentaba como uno de los más corruptos y autoritarios presidentes de México, pero, en cualquier caso, la oposición había contribuido a consolidar la oleada de sensibilización que, extendiéndose a las masas estudiantiles, conseguiría unos meses más tarde la autonomía de las universidades con respecto al poder político. Frida se había aproximado al Partido Comunista, encontrando en Tina una referencia y una amistad inmediata.

La vida de Frida está marcada por el dolor. En 1925, dos meses después de cumplir dieciocho años, se subía a un autobús que chocaría con el tren de la línea de Xochimilco, un suburbio situado a unos pocos kilómetros de la ciudad. Entre las planchas de hierro retorcidas, Frida había permanecido consciente y, en apariencia, libre de alejarse de allí como los demás supervivientes del accidente. Y, sin embargo, seguía inmóvil, dirigiendo a los primeros socorristas una mirada casi de estupor, más atónita que asustada. Sólo en el momento de ir a sacarla de allí, había lanzado un grito tan agudo, que había paralizado el gesto de los brazos extendidos hacia ella: una barra de hierro le había penetrado en la espalda traspasándola de lado a lado.

Los médicos la habían dado por desahuciada, y cuando su afán por asirse a la vida se había impuesto con obstinación desesperada sobre los funerales ya fijados, todos habían pensado que se quedaría clavada a una silla para el resto de sus días. Apretando los dientes cada noche para no gritar, Frida se había obligado a sobrevivir en un corsé que la torturaba sin cesar, recurriendo a la morfina cuando el dolor amenazaba con trastornarle la mente. Mes tras mes, empapando la cama de lágrimas y sudor, mordiendo la almohada para aguantar los gemidos, Frida recuperaba las fuerzas dejando perplejos a los médicos que se turnaban para estudiar su caso único. Dos fracturas en las vértebras, once en el pie derecho, luxación en el codo izquierdo, perforación del abdomen, peritonitis aguda; y, sin embargo, a los noventa días exactos de su muerte frustrada, Frida salía de su casa de Coyoacán y caminaba apoyándose en las muletas, oprimida por el corsé, hasta la parada del autobús que la llevaría al centro.

Se había impuesto no sólo enfrentarse con la plaza del Zócalo llena de gente, sino también dominar el horror que le ascendía a la garganta cada vez que el autobús frenaba o giraba bruscamente. A la prodigiosa mejoría, seguiría un reagudizarse de los sufrimientos, con recaídas que le harían insoportable su propia imagen en el espejo. Pero Frida, con el paso de los días, se construye una relación indisoluble con el dolor, del cual extrae la savia para la creación artística. Pintora onírica y de un surrealismo empapado de esa mexicanidad que se burla de la muerte con macabra ironía, Frida pinta autorretratos donde su rostro de sonrisa enigmática vence a un cuerpo desgarrado, desdoblado entre la realidad oprimente y el simbolismo liberador, en el que la belleza de la propia desnudez afirma la primacía sobre el suplicio de un corsé de yeso y una prótesis en la pierna coja.

Con Tina comparte la intuición de un pasado transgresor más que las renuncias de un presente de militantes. Frida es once años más joven y frecuenta el ambiente comunista por una necesidad de rebelión, y no por una opción inmolatoria. Tina se siente atraída por la fuerza que advierte en ella, por la determinación con que ha vuelto a apropiarse de la vida. Frida comienza a ser una asidua de la casa de Abraham Gonzáles, participa en las cenas y discusiones, se divierte en provocar al moralismo de los austeros funcionarios poniéndose vestidos de colores violentos y haciendo gala de una sensualidad natural. En Frida nada es fruto de una pose del momento, sus gestos no responden a una necesidad de llamar la atención, sino sólo a su instinto independiente y contrario a cualquier convencionalismo.

Una noche, durante el verano de 1929, Frida está en casa de Tina, donde se han reunido algunos amigos para beber un poco de tequila mientras discuten y escuchan música. El ambiente es muy distinto de la febril vivacidad que hacía vibrar de gritos y risas la casa de la avenida Veracruz. Las conversaciones, esporádicas, parecen resentirse del calor húmedo que ha invadido la metrópolis tras un breve temporal. La estación de las lluvias ha comenzado, pero en el valle del Distrito Federal hace días que se estanca un pesado bochorno, que vuelve el aire pegajoso y gris. A altas horas de la noche la imponente mole de Diego Rivera invade la entrada de la sala. Todos se vuelven hacia el recién llegado, seguros de que su ansia de protagonismo dará un brusco impulso al torpor general.

Diego emite un suspiro impaciente, se seca el sudor con la manga de la chaqueta ajada, llena de manchas de barniz. Echa una ojeada al voluminoso gramófono del que provienen las notas quejumbrosas de una vieja canción. El anticuado mecanismo pierde revoluciones, arrastrando los sonidos con molestos maullidos. Diego hace una mueca de disgusto. Se desabrocha el único botón que sujeta la tela sobre su vientre hinchado, y se saca una pistola de la cintura.

Se oye un estruendo ensordecedor, que deja anonadados por la sorpresa los rostros de todos y paraliza los gestos. El disco da un par de vueltas más y se detiene con un último chirrido de engranajes rotos.

Diego sonríe y mira a su alrededor como si les acabara de salvar de un lento suicidio. Sopla teatralmente el cañón de la pistola, que después se vuelve a meter con dificultad por dentro de los pantalones. Tina hace un gesto con la cabeza, resignada. Sólo murmura: «Y ahora pretenderá que le aplaudan...», y se va a sentar junto a Frida. Ésta, a diferencia de los demás, no consigue reprimir una carcajada.

—No te preocupes —exclama Diego dirigiéndose a Tina y, mientras tanto, se echa lo que queda de una botella de mezcal en una jarra de cerveza— te regalaré uno nuevo que acabo de comprar a los contrabandistas de Tepito. Y te traeré también discos decentes, que tal vez consigan cambiaros esas caras de funeral que tenéis siempre...

Da un sorbo de mezcal, chasquea la lengua satisfecho, y busca con la mirada un sillón libre. Cuando se cruza con los ojos de Frida, hace un gesto de curiosidad, y comienza a estudiarla sin el menor pudor. Se acerca lentamente, y ella inclina la cabeza de lado y continúa mirándolo fijamente, sin el menor embarazo.

—Tina... —dice Rivera sin apartar la mirada— ya que nos encontramos inevitablemente en tu casa, ¿quieres ser tan amable de presentarnos?

—Tú no necesitas que nadie te presente —replica Tina—. Tu entrada en escena es inconfundible.

—Ya nos conocemos —interviene Frida tendiéndole la mano. Diego se la besa reteniéndola durante un buen rato, y mientras tanto, frunce el ceño para buscar en la memoria el recuerdo de aquel rostro delicado de ojos oscurísimos y cejas espesas.

—Yo estudiaba en una escuela donde usted estaba pintando un fresco... —añade Frida.

Después de algunos segundos, Diego abre desmesuradamente los ojos y hace una extraña mueca con la boca, como si de repente le hubiera vuelto a la mente un antiguo rencor.

—Ah, sí... aquella chiquilla insoportable que me hacía perder el tiempo...

Se da una palmada en el vientre, exclamando:

—Te mandé al diablo porque siempre estabas en medio, y tú... ¡te pusiste a enjabonar el pasillo para que me rompiera el cuello!

—Hice cosas peores —dice Frida riéndose, y los ojos le brillan—. Fui yo la que, escondida detrás de una columna, comencé a gritar que llegaba su mujer, Lupe... mientras usted estaba absorto estudiando *anatomía* con una de sus modelos.

Diego hace un gesto de reproche con la cabeza y pone una expresión de fingida complacencia por la imprevista bravata.

—Ves, esto me ha gustado mucho menos —dice soltando por fin la mano de ella para ir a buscar una silla. Después se coloca junto a Frida, inclinándose para susurrarle:

—Dime una cosa, única luz en esta casa de sombras: ¿o yo estaba ciego o todavía estabas dentro del capullo esperando a transformarte en una mariposa?

—Digamos que... *tú* estabas demasiado ocupado en tu trabajo.

Diego suspira, y muestra una expresión de profundo pesar.

—El trabajo... el trabajo... y, sin embargo, aún debo comenzar la más bella de mis pinturas...

Le vuelve a coger delicadamente la mano.

—¿Quieres posar para mí?

El 23 de agosto de 1929, el diario *La Prensa* informa de la boda que ha tenido lugar dos días antes entre el maestro Diego María de la Concepción Juan Nepomuceno Estanislao de la Rivera y Barrientos Acosta y Rodríguez, y la pintora Magdalena Carmen Frida Kahlo, de Rivera.

Al principio, a los padres de ella no les entusiasmaba en absoluto aquella relación. Para ellos, la fama como artista de Diego era totalmente secundaria a la de mujeriego y bebedor. Además, era comunista.

Y, en cuanto a las «apariencias», Diego, además de haber nacido el 8 de diciembre de 1886, es decir, veinte años antes que Frida, es feísimo, gigantesco, desmañado. Al verles juntos, alguien los define como «el elefante y la paloma». Pero él posee insospechadas dotes de amabilidad y afabilidad cuando se trata de conquistar el corazón de las personas con las que no le sirve de nada su notoriedad, ni su pistola. Y los padres de Frida, en menos de dos meses, llegan al convencimiento de que no puede haber un hombre más tierno y sensible al que confiar a su hija. Unos días antes de la boda, el padre habla con él a solas y le dice:

—Bueno, Diego, ha llegado el momento de avisarte: Frida es una chica inteligente y encantadora, pero lleva dentro un demonio. ¿Me has entendido? Un demonio oculto...

–Lo sé –responde Diego con una mirada de ingenuo candor.

–Entonces mejor así. Yo ya he cumplido con mi deber.

La singular unión, que en contra de las previsiones de salón durará los veintisiete años de vida que le quedan a Frida, no influye, sin embargo, en sus respectivos caminos artísticos. Dirigida al exterior, motivada por los grandes cambios sociales, y de proporciones monumentales, la pintura de Diego; íntima, sensible a los pequeños detalles y capaz de captar la inmensa fuerza de las pasiones subjetivas, la de Frida.

Compartirán también sus desilusiones y sus dolorosas decisiones de aislamiento por los comunes ideales políticos. Después de la muerte de Mella, Diego Rivera siente que el partido, del que es uno de los dirigentes, está traicionando la esencia revolucionaria que le había dado vida. El comunismo, para Diego, es sobre todo la afirmación de valores humanos y sociales cuyo fin es la independencia no sólo desde un punto de vista económico y político, sino también cultural, entendida como respeto de las exigencias y de los modos de vida de cada país. La ruptura es ya inevitable después del giro autoritario y centralizador de Moscú.

En cualquier caso, Diego y Frida tratan de evitar un enfrentamiento directo con Tina, sabiendo que ella es tácitamente partidaria de la nueva dirección. Al día siguiente del asesinato de Julio, Diego la había defendido creyendo sinceramente que estaba en el centro de un montaje policial dirigido a desviar las investigaciones acerca de Machado, o incluso a ocultar la responsabilidad del Gobierno mexicano como planificador y ejecutor del crimen. Pero con el paso de los meses las dudas aumentan, y acallarlas sólo con la fe ciega en el partido resulta cada vez más difícil.

Algunas semanas después de la boda, los dos organizan una cena en casa de Tina, y durante algunas horas se vuelve a crear aquella alegre voluntad de estar juntos que les unía en los años anteriores. Música, charlas, litros de tequila, cajas de cerveza, bailes desenfrenados en el poco espacio disponible; Diego levanta a la delicada Frida y tira muebles girando alocadamente.

En un determinado momento llega Lupe Marín, la ex mujer de Diego. Es amiga de todos los presentes, y su actitud hace desaparecer cualquier inquietud: brinda con los esposos, ríe en voz alta, bromea sin mala fe con Frida poniéndola en guardia sobre lo que la espera...

Pero al poco rato, la tequila contribuye a hacer caer la máscara de comprensivo altruismo que Lupe se ha impuesto a sí misma. Acercándose a Frida con una sonrisa abierta y el aspecto de querer celebrar su joven belleza, grita:

–Amigos, ¡os pido un momento de atención! Observad bien lo que tengo aquí para mostraros...

Y cuando los ojos de todos se dirigen hacia ellas, levanta de pronto la falda de Frida y después la suya.

–A esto se ha reducido el viejo Diego. Ahora prefiere estos dos palos de madera a todo lo que le he dado yo...

Después se aleja bruscamente y sale de la casa dejando un silencio a sus espaldas.

La fiesta se ha estropeado irremediablemente, a pesar de que todos se esfuercen por recuperar su euforia de antes sirviéndose de beber y riendo a carcajadas. Frida se retira a la terraza para tragarse la rabia y hacer un esfuerzo para no irse, a fin de que el peso de la situación no recaiga sobre Tina. Diego, mientras tanto, bebe hasta perder el control. Y nadie consigue quitarle a tiempo la pistola. Completamente borracho, comienza a disparar contra el techo, mientras los pocos que quedan se arrojan detrás de los sillones y sofás. Hace pedazos un jarrón de terracota dándole justo en el centro, maldice, grita que son todos una pandilla de bellacos y traidores, que entre ellos se llaman «compañeros» pero que mandarían colgar incluso a sus propios hijos para conseguir un poco de poder...

Tina se para delante de él, lo detiene cogiéndole por la muñeca con ambas manos. Y dice en voz baja, entre dientes:

—Tú, Diego, conseguirás hacer más daño con tu lengua que con tu maldita pistola.

Frida atraviesa la habitación, coge el chal y se dirige hacia la puerta. Diego se decide a seguirla, encorvado y con el rostro sombrío por la tristeza.

Antes de salir, se vuelve a mirar fijamente a Tina. Y dice:

—Estoy borracho... y quizá también esté loco. Pero lo que he dicho... es la verdad. Y tú... lo sabes mejor que yo. Has optado por el silencio, y puedo entenderte... Pero no puedes pretender que yo haga lo mismo...

En octubre de 1929, Diego Rivera es expulsado del partido. Los motivos alegados son sólo pretextos, como el haber aceptado realizar frescos para el «Gobierno contrarrevolucionario» cediendo a las propias «ambiciones individualistas y pequeño burguesas». En realidad, Diego ya se ha adherido abiertamente a la Oposición de Izquierda y no oculta sus simpatías hacia Trotski. Tina, pasados sólo ocho meses de la patética defensa que el pintor había llevado a cabo por su libertad y su reputación, no hace nada para oponerse a las acusaciones de Vidali y de los demás dirigentes fieles a éste. Y con glacial distanciamiento, escribe a Weston:

> Creo que su salida será más perjudicial para él que para el partido. Se le considera un traidor. No es necesario aclarar que, en este momento, yo también lo veo como tal. De ahora en adelante, nuestros contactos se limitarán a los negocios fotográficos. Por lo tanto, te agradecería que te dirigieras directamente a él para todo lo que tenga que ver con su trabajo...

La amistad con Frida también acaba de este modo, eliminándola de su existencia en nombre de sus creencias. No se volverán a ver nunca.

Capítulo 14

A pesar de todo, 1929 es para Tina el año en el que más se dedica a su actividad de fotógrafa. El 3 de diciembre se inaugura en las salas de la Biblioteca Nacional una exposición enteramente dedicada a su obra, la primera después de las muchas muestras colectivas en donde Weston era la principal atracción artística. David Alfaro Siqueiros da una conferencia titulada «La primera exposición de la fotografía revolucionaria en México», durante la cual declara: «Una forma de arte que refleja y conserva lo que ve, y nos ofrece, gracias a la pureza de su expresión, la sorpresa de poder fijar lo que hasta ahora el observador sólo veía...»

Tina escribe una introducción que puede considerarse como su «manifiesto» sobre la nueva concepción de la fotografía como medio para interpretar la realidad, en polémica con todos aquellos que querrían que estuviera unida a una búsqueda puramente estética.

Cada vez que se usan las palabras «arte» o «artista» en relación a mis trabajos fotográficos, experimento una sensación desagradable debida sin duda al mal empleo que se hace de tales términos. Me considero una fotógrafa, y nada más. Si mis fotografías se diferencian de las que se hacen por lo general, se debe al hecho de que yo no trato de realizar arte, sino sólo buenas fotografías, sin recurrir a manipulaciones o artificios de ningún tipo, mientras que la mayor parte de los fotógrafos siguen buscando «efectos artísticos» o imitan los instrumentos que pertenecen a la expresión gráfica. De ello resulta un producto híbrido, en el que la obra no se distingue por su característica más significativa: la calidad fotográfica.

En estos últimos años se ha discutido mucho sobre si la fotografía puede o no ser considerada como una obra de arte y, como tal, digna de competir con las artes plásticas. Naturalmente las divergencias subsisten entre aquellos que la consideran un medio de expresión igual que los otros y los miopes que miran este siglo veinte con los ojos del siglo diecisiete, incapaces de acoger los aspectos de nuestra civilización tecnológica. Pero a nosotros, que usamos la máquina fotográfica como una pura herramienta del oficio, exactamente como el pintor usa sus pinceles, no nos interesan las opiniones contrarias, porque gozamos de la aprobación de todos aquellos que reconocen a la fotografía múltiples funciones, y la reconocen como el medio más elocuente y directo para fijar y registrar la época actual. Por tanto, no es indispensable saber si la fotografía es o no un arte, lo que es importante es distinguir entre buena y mala fotografía. Buena es aquella que acepta los límites de la técnica fotográfica y utiliza todas las posibilidades y características que el instrumento ofrece. Mala es aquella fotografía realizada con una especie de complejo de inferioridad, no reconociendo el justo valor a lo específico de la fotografía, y recurriendo en cambio a todo tipo de imitaciones. Las obras obtenidas de este modo dan la impresión de que el autor casi se avergüenza de fotografiar la realidad, tratando de ocultar la esencia fotográfica de la obra, superponiendo trucos y falsificaciones que sólo puede apreciar quien tiene un gusto desviado.

La fotografía, proyectada sólo sobre el presente y basándose en todo lo que existe objetivamente en frente de la máquina, se afirma como el medio más incisivo para registrar la vida real en todas sus manifestaciones. De ahí su valor documental, y si a ello se añaden la sensibilidad y la aceptación del tema tratado, pero sobre todo una idea clara del lugar que ocupa en el devenir de la historia, considero que el resultado es digno de tener una función propia en la revolución social.

Inaugurada por el rector de la Universidad Nacional Autónoma de México, la exposición obtiene un gran eco en los periódicos y un notable éxito entre el público. Los mismos diarios que habían retratado a Tina como una ambigua figura de costumbres indecentes, ahora alaban su obra y destacan su gran sensibilidad artística.

Un joven crítico, Gustavo Ortiz Hernán, que después llegaría a ser el director de *El Universal Gráfico*, escribe un elogioso artículo, en donde, entre otras cosas, sostiene:

Sin duda alguna, las fotografías de Tina Modotti son profundamente originales y se diferencian de cualquier otra producción. Ideológicamente, la Modotti pertenece a la vanguardia y a las tendencias más extremas del movimiento social en el que figura como uno de los miembros más significativos. Sus obras se pueden clasificar con relativa facilidad: composición pura, donde la preocupación por la perspectiva, la construcción y la dimensión revelan la destreza de la artista en el uso de su propio instrumento. Composiciones florales, jarrones, instrumentos, forman un singular género de naturaleza muerta manipulada con un gran sentido plástico. Hay dos fotos, sobre todo, que deberían titularse simplemente «Revolución», síntesis perfecta de una ideología social: en la primera aparecen el mástil de una guitarra, una panocha de maíz y una cartuchera; en la segunda, el lugar de la guitarra lo ocupa una hoz.

A otra categoría pertenece, en cambio, una foto especialmente bella: la composición de copas de cristal, en la cual las características estéticas se funden armoniosamente con un ritmo y una musicalidad sentidos por asociación de ideas. La fuerza sugestiva de esta imagen es inmensa. El perfecto sincronismo de las transparencias es magnífico.

En otro grupo aparecen escenas de nuestra vida cotidiana: obras en construcción, escaleras, estadios, cables de la luz... Todo lo que estamos acostumbrados a ver cada día, y a lo que somos normalmente indiferentes, adquiere consistencia y personalidad, incluso un matiz esotérico. Las fotografías de Tina Modotti simbolizan los anhelos y las ansias de la nueva generación por conocerlo todo, la necesidad de examinar y profundizar, de descubrir todas las facetas de la realidad...

Una de las fotografías, destinada quizá a ser la más famosa, es la que retrata la máquina de escribir de Julio Antonio Mella. En la izquierda superior derecha se pueden leer unos fragmentos de frases en el papel inserto en el rodillo, que hacen pensar en su ensayo sobre la inspiración artística. Tina manda estampar esta misma cita en el cartel anunciador de su exposición. Pero cuando deba mandar una copia para que se la publiquen en *Mexican*

Folkways, Tina borrará cuidadosamente toda la frase.

Lo que estaba escribiendo Mella cuando ella hizo la foto, no era otra cosa que un fragmento tomado de un libro de Trotski sobre la relación entre arte y técnica moderna...

Capítulo 15

El comité «Manos Fuera de Nicaragua» representa, en aquel año, el mayor compromiso político de Tina. A pesar de los esfuerzos del Komintern para sofocar cualquier tendencia insurreccional, la invasión estadounidense del pequeño país centroamericano aviva el espíritu independentista de todo el continente. Además, Augusto César Sandino goza de especiales apoyos en México, donde había vivido en 1921 trabajando como obrero especializado en las instalaciones petrolíferas de Cerro Azul, Veracruz, pertenecientes a la compañía estadounidense Huasteca Petroleum.

La atormentada historia de Nicaragua es una incesante sucesión de guerras civiles e invasiones, donde incluso un aventurero psicótico como William Walker, descendiendo desde Tennessee al frente de un ejército de mercenarios pagados por el grupo financiero Vanderbilt, se había autoproclamado presidente en 1855. En 1912, los Estados Unidos comienzan la ocupación militar con el desembarco de los primeros contingentes de *marines*. El país representa un importante punto estratégico: el proyecto de abrir en él un canal interoceánico es anterior al de abrirlo en Panamá. Se trataría de hecho de ampliar una vía ya existente, constituida por el río San Juan que une el Atlántico con el Gran Lago, desde el cual se puede llegar fácilmente al Pacífico. Los mismos piratas ingleses y holandeses ya habían remontado este río, llegando a bombardear a los españoles en Granada, situada en la otra orilla. Se pagan tres millones de dólares por los derechos de la concesión, calculados inmediatamente como deuda nacional que justificaría el establecimiento de una comisión de control, convertida en la verdadera administración del país. Cuando después se elige Panamá para abrir en ella el canal, Washington no puede permitir que otras potencias puedan un día decidir realizar un segundo canal, y los destinos de Nicaragua sufren la aplicación práctica de la doctrina Monroe. Cuando «el patio de casa» manifiesta tendencias desestabilizadoras, los marines intervienen para restablecer el orden. En 1914, México experimenta las consecuencias con el desembarco en Veracruz, que desencadena la valerosa resistencia de toda la población de la ciudad portuaria.

En 1926, Sandino reagrupa el primer núcleo de combatientes, inmediatamente definidos despreciativamente como el «Ejército de los Locos». Su empresa, en efecto, es considerada una locura por los altos mandos estadounidenses. Con sesenta hombres, pretende resistir a unas fuerzas no sólo enormemente superiores en número, sino también mejor armadas y equipadas. Pero Sandino demostrará ser en poco tiempo un estratega al que no hay que infravalorar. No pudiendo enfrentarse al enemigo en campo abierto, escoge la abrupta región montañosa de Las Segovias como base de los ataques guerrilleros. Esta región había sido siglos antes un refugio para los indios que se resistían a la dominación española. Para la bandera escoge el color rojo y negro, en recuerdo de las luchas sindicales de México, donde es una antigua costumbre exponer telas rojas y negras en el exterior de las fábricas ocupadas. Y cuando ya cuenta con ochocientos guerrilleros, comienza a realizar una serie de ataques que tendrán en jaque durante años a los cinco mil marines del contingente estadounidense. Las proclamas del *Indio de Niquinohomo* comienzan a circular clandestinamente por toda Nicaragua.

Soy nicaragüense y estoy orgulloso de que por mis venas corra sangre de indio americano, la sangre que encierra el atávico misterio de un leal instinto de independencia y rebeldía. Soy un plebeyo, como dicen los oligarcas y las cacareantes gallináceas siempre dispuestas a inclinar la cabeza. Es un honor nacer en el seno de los oprimidos, que son el alma y el nervio de esta raza. Los grandes de la historia dirán que soy demasiado pequeño para la obra emprendida. Pero mi insignificancia tiene la ventaja de un corazón que no tiembla, y nosotros juramos defender con nuestras espadas la dignidad nacional y redimir a los oprimidos. Nuestros ideales abarcan el amplio horizonte del internacionalismo, y el derecho a ser libres y a exigir justicia, aunque para ello sea necesario que derramemos nuestra propia sangre y la de los demás.

Y vosotros, rebaño de morfinómanos que pisoteáis todos los derechos en nombre de vuestros beneficios, venid. Venid a asesinarnos en nuestra tierra. Pero sabed que os esperamos a pie firme, sin que nos importe el número de vuestras cabezas y de vuestros fusiles. Sabed que un día la destrucción que sembráis recaerá sobre vuestra grandeza y hará temblar los cimientos del Capitolio, enrojecerá de sangre la cándida cúpula de vuestra famosa Casa Blanca, el antro sórdido donde maquináis crímenes y genocidios...

El 12 de julio de 1927, el capitán G.D. Hatfield, comandante del cuerpo expedicionario dispuesto en orden de batalla en Ocotal, envía un ultimátum a Sandino, que responde inmediatamente: «No nos rendiremos nunca. Os estamos esperando. Aquí nadie os tiene miedo. Patria libre o morir.»

Cuatro días después se desencadena la batalla de Ocotal: veinte horas de encarnizados combates, a menudo cuerpo a cuerpo, durante los cuales se emplea incluso la aviación, que, bombardeando pueblos y campamentos, trata de replegar a los rebeldes. Sandino no libera Ocotal, pero su resistencia a unas fuerzas diez veces superiores a las suyas obtiene un amplio eco en toda la región centroamericana.

El 4 de enero de 1928, zarpan con destino a Nicaragua el buque de guerra *Raleigh*, los destructores *McFarland*, *Preston* y *Putnam Pauling*, y el buque de transporte *Oglala* repleto de marines y cañones de campaña. Pero, como dice un lema de los guerrilleros sandinistas, «las montañas no traicionan a nadie». Las tropas estadounidenses, que combaten según esquemas de la Primera Guerra Mundial, sufren graves pérdidas en todos los combates. A pesar del intenso empleo de la artillería y de la aviación, que por primera vez en la historia arrasan los centros habitados causando matanzas de civiles, los guerrilleros continúan atacando duramente gracias a su profundo conocimiento del terreno y a la táctica de la «liberación rápida». El apoyo de la población es determinante. Los campesinos les abastecen de alimentos, ofrecen refugio a los heridos, construyen «pelotones» enteros de muñecos de paja para engañar a los bombarderos mientras las columnas avanzan o se repliegan sobre la vertiente opuesta de una montaña. Y sufren feroces represalias después de cada emboscada, porque las tropas estadounidenses desahogan sobre ellos la impotencia de no conseguir vencer al Ejército de los Locos.

La escasez de municiones y de medicinas es el punto débil de los sandinistas. La mayor parte de las armas proviene de los depósitos conquistados o son recogidas después de una batalla ganada. Pero los largos años de guerra hacen necesario el inicio de una densa serie de contactos con los movimientos de solidaridad de los países vecinos, entre los cuales México tiene un papel de suma importancia. Germán List Arzubide forma parte del comité «Manos fuera de Nicaragua», a pesar de que su relación con la dirección comunista sea menos estrecha que en el pasado. El poeta estridentista organiza encuentros y manifestaciones para recoger fondos, con los cuales se adquieren medicinas que dos exiliados venezolanos, Gustavo Machado y Salvador de la Plaza, se encargan de entregar a los guerrilleros nicaragüenses. Sandino, en señal de agradecimiento, dona al comité una bandera estadounidense capturada en combate y pide que la lleven al congreso antiimperialista, que está a punto de celebrarse en Alemania. List Arzubide, que por falta de dinero no puede permitirse viajar directamente desde México a Europa, va a los Estados Unidos tratando de embarcarse clandestinamente en un puerto más al Norte. Y, para pasar la frontera, se envuelve el cuerpo con la bandera, poniéndose encima la ropa. Llegado a Frankfurt el día antes del inicio del congreso, consigue entrar en él justo en el momento en que comienzan las deliberaciones. Con la bandera de estrellas y rayas en los hombros, agujereada por las balas y en la que está escrito *Nicaragua libre*, List Arzubide atraviesa la inmensa sala mientras todos se ponen de pie entonando la Internacional.

En 1929, Sandino decide hacer un viaje a Ciudad de México para obtener apoyos políticos y económicos. Le acompaña Agustín Farabundo Martí, el ideólogo del movimiento insurrecto salvadoreño que se ha trasladado durante algún tiempo a Nicaragua y ha llegado a ser uno de los lugartenientes de Sandino.

Un año antes, Julio Antonio Mella había sido uno de los más exaltados defensores de la causa nicaragüense y, tras su muerte, se había producido un progresivo deterioro en las relaciones entre el Partido Comunista Mexicano y Sandino. Este último, en la situación en la que se encuentra, no puede permitirse sutiles distinciones entre «línea justa», desviacionismos burgueses o fuerzas ideológicamente reaccionarias; el apoyo que le ofrece el Gobierno mexicano, aunque sea mínimo, debe considerarse como un punto de apoyo contra la política expansionista de Washington. Y las peticiones de la dirección comunista de romper tal relación, emitiendo incluso un comunicado de denuncia, son obviamente rechazadas por Sandino. Para él sería un suicidio renunciar a uno de los pocos gobiernos aliados que tiene en el continente.

En realidad, el Komintern ha decidido boicotear por todos los medios la lucha de los nicaragüenses. Stalin quiere ganarse las simpatías de Washington para mantener a los Estados Unidos lo más lejos posible del enfrentamiento que ya debe sostener con las potencias europeas, y la política del «patio de casa» puede llegar a ser un tácito acuerdo sobre las respectivas áreas de influencia. Augusto César Sandino, además, tiene muy poco que ver con la ideología bolchevique. En sus campamentos se canta la Internacional y en sus escritos se propugna el establecimiento de una sociedad socialista, pero el sandinismo es una amalgama de acción directa y pensamiento profundamente antiautoritario, basado en el respeto de las diferencias individuales y en la afirmación indiscutible de la soberanía nacional. La autodeterminación de los pueblos es para Sandino un punto irrenunciable y sagrado, pero está dispuesto a aceptar las imposiciones abstencionistas de Moscú o la rígida estructura de un partido.

En México, donde se queda desde el mes de junio de 1929 hasta febrero de 1930, recibe algunas manifestaciones de solidaridad popular y una fría acogida por parte de los dirigentes comunistas, que se muestran cerrados en un sectarismo obtuso.

«Nos angustia este silencio, el aislamiento, la desesperación por ser tan ignorados. Necesitaríamos que se gritara al mundo que estamos luchando aún... la lucha en Nicaragua continúa con la misma intensidad y ardor de antes, pero el dinero norteamericano ha construido a nuestro alrededor una muralla de silencio...» anota Sandino en su diario.

Durante la temporada que pasa en la capital, sucede un hecho extraño. Tina Modotti se ofrece para unirse a sus guerrilleros. Quiere dejar México y combatir en las montañas de Nicaragua.

—¿Y qué cara ha puesto cuando se lo has pedido?

La voz de Vidali saca a Tina de sus pensamientos. Apaga el cigarrillo en el platito lleno de colillas, alza la vista y lo mira fijamente durante algunos segundos. Después se encoge de hombros y dice con un tono falto de interés:

—Nada. Se ha limitado a sonreír.

Vidali vuelve a pasear por la habitación.

—No lo subvalores. Ese indio parece tener la capacidad de intuir las cosas simplemente con olfatear el aire...

Tina se levanta de la silla, se acerca a él e interrumpe sus pasos nerviosos de un lado para otro en el espacio que hay entre la puerta y la ventana.

—Vittorio, pensaba que me había explicado desde el principio. Si me voy allí, será porque aquí siento que me asfixio... y no esperes otra cosa de mí.

Él cruza los brazos y la examina de reojo.

—Entonces deja que te explique una cosa. Esa especie de caricatura que anda por ahí presumiendo de sombrero y bandolera, está haciendo exactamente lo que esperan en Washington. Gracias a él, reforzarán su presencia en toda Centroamérica, y por muchos que consiga matar, al final lo comprarán como han hecho con todos los «grandes libertadores» que lo han precedido.

—Tú siempre tienes una verdad a mano para cualquier cuestión —responde Tina volviéndose hacia otro lado.

—Y tú estás perdiendo la cabeza. ¿Qué demonios significa irse hasta allí abajo a disparar unos cuantos tiros de fusil por una causa perdida? O aún peor: para estar bajo las órdenes de un aventurero que está demostrando claramente tener unos intereses opuestos a los nuestros. Apenas le ofrezcan un puesto en el gobierno, se convertirá en uno de los muchos títeres que se pueden mover a placer... Y además, el partido ya ha tomado sus medidas. Sandino es un peligro, no importa que sea consciente de ello o no.

—No me gusta, Vittorio... No me gusta la desenvoltura que tenéis para liquidar los problemas... También por eso me quiero ir. Todo está cambiando demasiado deprisa y yo tengo la sensación de que sólo alejándome durante algún tiempo conseguiré ver las cosas con un mínimo de claridad...

—Está bien —dice Vidali con un tono repentinamente amable— vete a Nicaragua. Ése no es el problema. Por otra parte, ya tenemos compañeros que trabajan en sus filas...

–¿*Trabajan?* –responde Tina mirándolo con los ojos reducidos a dos fisuras.

–Sí, Tina. Trabajan. Construyen algo más inmensamente grande y duradero que las guerritas de ciertos revolucionarios de novela, de ciertos caudillos que ondean la bandera del nacionalismo para acaparar un sillón en el gobierno. Y el nuestro es un proyecto tan complejo y delicado que no permitiremos que ningún demagogo se interponga en nuestro camino. Ninguno.

Tina se deja caer en el viejo sillón. Cierra los ojos y asiente.

–A mí no tienes que explicármelo. No necesitas convencerme.

–Lo sé, Tina. Lo sé perfectamente. De hecho... sigo fiándome de ti como de pocos otros.

–¿Y qué debería hacer entonces?

Vidali sonríe, hace un gesto de sorpresa como si fuera demasiado obvia la respuesta.

–Unirte a los demás compañeros y trabajar con ellos, nada más.

–Ya –dice ella con un gesto cansado–. Lo cual significa observar, anotar, no exponerse... y enviar de vez en cuando un *informe detallado*.

–No es tan simple. Necesitamos saber a tiempo lo que está sucediendo en las situaciones arriesgadas para prevenir los movimientos de quien quiere destruirnos. O al menos para impedir los daños...

Tina le dirige una mirada gélida, murmurando:

–Más o menos lo que tú haces cada vez que vas a Cuba...

Vidali permanece inmóvil, sosteniendo su mirada sin mostrar la más mínima reacción.

–A Cuba hemos llegado a tiempo –dice en voz baja– pero todavía hay muchas cosas que hacer. Y lo haremos. Hasta el final.

Pocos días más tarde, Tina se encuentra con Sandino durante una reunión del Comité de Solidaridad. El rostro impenetrable del indio nicaragüense está teñido de melancolía, las ayudas que esperaba obtener se han quedado reducidas a muchas promesas, a unos cuantos pesos, a algunas cajas de municiones y medicinas y a unos cuantos fusiles viejos conservados por viejos zapatistas. Y en lo que se refiere a la propuesta de Tina, ha decidido que no puede aceptarla. Sobrevivir en las montañas de Matagalpa y Jinotega, en el bosque de Chontales, en los cenagales de la costa Atlántica, es arduo incluso para los guerrilleros más endurecidos que están con él desde los primeros días. Tina no podría hacer mucho por su lucha. No son combatientes lo que falta en Nicaragua. Lo que escasea es la ayuda de quienes, usando la palabra «revolución» para abrir y cerrar cada plebiscito, ahora dan la espalda a los que ya no quieren seguir esperando...

El silencio deja paso a una campaña de desprestigio contra Sandino. Stalin ya se ha dado cuenta de que éste nunca se someterá a las decisiones del Komintern, y ordena que se organice contra él una violenta operación que será llevada a cabo por el Partido Comunista Mexicano. En junio de 1930, *El Machete*, que ahora lleva escrito en el encabezamiento «Órgano central del Partido Comunista de México, sección de la Internacional Comunista», dedica la primera página a la «Traición de Augusto C. Sandino».

El guerrillero nicaragüense, aliándose con el Gobierno contrarrevolucionario de México, se ha convertido en un instrumento del imperialismo yanqui. Si la lucha antiimperialista no está estrechamente unida al movimiento revolucionario mundial, se convierte en lucha pequeño burguesa que busca el poder sólo en Nicaragua... En el continente latinoamericano no tiene razón de ser si no la apoyan los respectivos partidos comunistas.

Con una serie de mentiras e insultos que aumentan hasta el paroxismo, el periódico en el que habían escrito Diego Rivera y Julio Antonio Mella, define a Sandino como «lacayo del imperialismo» y «renegado de Las Segovias». Pero, a pesar del aislamiento y del boicot, el Indio de Niquinohomo sigue infligiendo derrotas a las tropas invasoras y rechazando componendas con los regímenes impuestos por Washington.

Lo que le produce más dolor es la separación de Farabundo Martí, que decide permanecer unido al movimiento comunista, a pesar de que Moscú hará todo lo posible para reducirlo a la impotencia. El día del último adiós, Sandino escribe: «Nos hemos despedido con los corazones llenos de tristeza, pero en la armonía de nuestra inmortal amistad. Como dos hermanos que se aman, pero no pueden entenderse...»

El 8 de marzo de 1934, Sandino caerá en la emboscada de la Guardia Nacional de Anastasio Somoza García. La fingida retirada de las tropas de ocupación lo lleva a entablar negociaciones para poner fin a la sangrienta guerra civil. Pero es sólo una trampa para asesinarlo. El comentario de *El Machete* suena como una siniestra advertencia a todos los jefes de guerrilla que se atrevan a desafiar las directrices de Moscú.

Sandino había traicionado la causa de la lucha antiimperialista —la misma en la que se había distinguido tan brillantemente en los primeros años— pero todo lo que ha obtenido ha sido morir como un pobre diablo. Esto demuestra, mejor que cualquier explicación teórica, la impotencia de los *caudillos* pequeño burgueses, incapaces de llevar hasta el final la lucha contra el imperialismo, lucha que sólo la Internacional comunista dirige coherentemente en todo el mundo capitalista y colonial...

La única voz que se alza en su defensa es precisamente la de Agustín Farabundo Martí, que escribe con aflicción el elogio de un hombre que escogió la soledad para no tener que inclinar la cabeza ante nadie.

Capítulo 16

El 5 de febrero de 1930 es un típico domingo soleado del invierno mexicano. En la capital se celebra la ceremonia de la toma de posesión de Pascual Ortiz Rubio, al que la oposición ya ha rebautizado con escarnio «Flor de té». Al finalizar el acto, el presidente sale con su familia del Palacio Nacional para dar un paseo por el inmenso parque de Chapultepec. Su actitud de monarca ilustrado, que saluda amablemente a los transeúntes y se muestra en público como padre afectuoso y marido fiel, no parece tener en cuenta las agudas tensiones que desgarran el país. La campaña electoral ha consistido en una serie cada vez más intensa de enfrentamientos y tiroteos, y numerosos opositores han sido eliminados sumariamente por la policía o por desconocidos defensores del orden constituido.

De detrás de un árbol sale repentinamente un joven que saca un revólver y le dispara seis tiros a Ortiz Rubio. Éste se salva gracias a la distancia y a la mala puntería del agresor: sólo una bala roza el blanco, hiriéndolo ligeramente en la boca.

Una ocasión irrepetible. La campaña de la prensa

contra los refugiados *rojos* que amenazan la convivencia civil del país por fin tiene un pretexto sólido. El complot sólo puede haber sido hurdido por agitadores extranjeros. Y poco importa que el agresor, el joven de veintitrés años Daniel Flores, sea detenido y no se encuentre ninguna prueba de su aparente relación con los ambientes de izquierda. El mecanismo represivo ya ha comenzado y, además de las miles de detenciones, se reparten a manos llenas las órdenes de expulsión.

Tina es acusada de haber participado en la preparación del atentado y de ser uno de los «cerebros de la operación». Encarcelada, sólo puede protestar con la huelga de hambre. Trece días después, le comunican la expulsión de México. Tiene cuarenta y ocho horas para dejar el país.

El único amigo que desafía el control de la policía es el fotógrafo Manuel Álvarez Bravo, que va a verla a su casa mientras ella recoge las pocas cosas que se llevará consigo. Media docena de agentes esperan impacientes para acompañarla a la estación, donde se subirá al tren que va a Veracruz y desde allí se embarcará hacia los Estados Unidos.

Tina arroja nerviosamente en medio de la habitación todo lo que no le cabe en las pocas maletas, incluida la mayor parte de sus fotos. Álvarez Bravo se agacha a recoger algunas y, tímidamente, le pregunta si puede guardarlas. Tina asiente distraída, esforzándose por sonreír a aquel hombre esquivo, que la observa con una mirada apenada y temblorosa de impotencia. Gracias a él, se salvarán algunas fotos inéditas, cuyos negativos se perderán en sus futuras peregrinaciones sin rumbo fijo.

Álvarez Bravo se precipita a la estación y apenas llega a tiempo para una última despedida. Aparte de él y de los policías, no hay nadie más bajo la marquesina del tren Jarocho con destino al puerto de Veracruz.

No es un barco de pasajeros, sino un mercante holandés que se llama *Edam*. Y Tina es embarcada como detenida, porque sus intentos para conseguir un visado para los Estados Unidos han sido inútiles. El embajador Dwight Morrow le ha reconocido el derecho de ciudadanía como viuda de Roubaix de l'Abrie Richey, pero, al no tener pasaporte estadounidense, ha condicionado el visado a una declaración suya escrita en la que se comprometa a repudiar la ideología comunista y a no realizar actividades políticas. Ante la negativa de Tina, el embajador ha ordenado a las autoridades mexicanas que impidan su desembarco durante las escalas, obligándola a proseguir hasta Rotterdam.

Y, sin embargo, a pesar de las medidas especiales de seguridad, Vittorio Vidali se embarca en el *Edam* durante la primera escala que éste hace en Tampico, mostrando un pasaporte peruano a nombre de Jacobo Hurwitz Zender. Le asignan un camarote, y goza de absoluta libertad de movimientos. Para la policía mexicana es un rebelde, teniendo en cuenta la orden de captura dictada contra Carlos J. Contreras. Y entre la infinita variedad de medios que tiene para alejarse de México, escoge precisamente el barco de la *expulsada* Tina Modotti. La segunda escala es en Cuba: Vidali desciende y pasa en la isla los dos días de parada, controlando la actuación del Partido Comunista Cubano en su calidad de funcionario del Komintern...

Tina, en cambio, permanece vigilada y encerrada en el angosto camarote mientras el barco está detenido en el puerto. El 25 de febrero escribe una larga carta a Weston.

Me imagino que ya te habrás enterado de mis trece días de arresto y de la expulsión. Ahora estoy viajando a Europa, hacia una nueva vida... Al menos hacia una vida distinta de la que ha transcurrido en México. También te habrás enterado del pretexto que ha utilizado el Gobierno. Me acusa nada menos de «haber participado en el plan para asesinar al nuevo presidente electo». Estoy segura de que, por muchos esfuerzos que hagas, te será difícil verme como una «terrorista», o incluso como «al frente de una organización secreta de dinamiteros»... Pero viendo todo esto desde el punto de vista del Gobierno, me doy cuenta de que la maniobra resulta perfecta: si hubieran tratado de expulsarme en cualquier otro momento, no hubieran podido controlar la protesta. Mientras que así, con la opinión pública indignada por el atentado, han podido hacerle creer cualquier cosa. Según la sucia prensa amarilla, han encontrado en mi casa todo tipo de pruebas, documentos, armas y vete a saber qué más. Así pues, todo estaba preparado para matar a Ortiz Rubio, pero desgraciadamente no he calculado bien el tiempo y otra persona se me ha adelantado. Éste es el cuento que los lectores mexicanos se han tragado junto a su café de por la mañana. No se les puede condenar por haber respirado aliviados al enterarse de que la feroz y sanguinaria Tina Modotti por fin ha dejado para siempre las costas de México...

Querido Edward, en las travesías de este último mes, me ha venido a menudo a la mente esa frase de Nietzsche que una vez me citaste: «Todo lo que no me mata me fortifica.»

Sólo gracias a la fuerza de voluntad he conseguido no enloquecer en los momentos más difíciles, como cuando me han trasladado de una cárcel a otra, o cuando por primera vez oí el golpe de la puerta al cerrarse y el ruido del cerrojo, y me encontré en una pequeña celda con barrotes en la ventana, demasiado alta para poder mirar fuera. Un catre de hierro sin colchón, un agujero maloliente en una esquina, y yo en medio, preguntándome si no sería una pesadilla...

Me concedieron sólo dos días para recoger mis cosas, y puedes imaginarte todas las que he tenido que abandonar. Afortunadamente, tengo muchos amigos que han hecho todo lo posible para ayudarme.

Estoy viviendo todavía en una especie de niebla, y un velo de irrealidad lo recubre todo. Creo que en pocos días volveré a la «normalidad», pero los golpes repentinos han sido demasiado brutales e imprevistos...

Dos semanas después, el *Edam* atraca en Nueva Orleáns. La fama de peligrosa subversiva la ha precedido, y la policía no se fía de la vigilancia de a bordo. De ese modo, Tina es encerrada en un cuartito de la comisaría portuaria.

Edward, ni siquiera recuerdo cuándo ha sido la última vez que te he escrito. Han sucedido tantas cosas, y todas imprevistas —como por ejemplo mi presencia aquí— pero he llegado a ese punto en que se acepta con filosofía todo lo que de vez en cuando sucede. Se dice que «llueve siempre sobre mojado». Más o menos, ésta es mi situación actual. Creía que tras haber sido llevada a Veracruz y metida en un barco con destino a Europa habrían acabado de algún modo mis problemas. En cambio, parece que apenas han comenzado. Lo primero que he sabido es que el barco tardaría un mes y medio en hacer un viaje que normalmente requiere tres semanas, y como aquí los pasajeros son algo totalmente accidental por tratarse de un mercante, nos estamos parando en todos los puertos: Tampico, La Habana, Nueva Orleáns, Vigo, La Coruña, Boulogne-sur-Mer, y por fin Rotterdam. Esto no sería tan desagradable si viajara como pasajera normal, pero en calidad de expulsada por el Gobierno mexicano estoy sometida a una estrecha vigilancia en todos los puertos, y obviamente no me permiten bajar a tierra... Excepto a esta oficina donde las autoridades estadounidenses me han trasladado, y donde permaneceré encerrada durante ocho días, es decir, el tiempo que el maldito *Edam* tardará en cargar su mercancía...

Los periodistas y fotógrafos acuden en tropel a ver e inmortalizar a la «revolucionaria de impresionante belleza», como dirán los titulares de los diarios de Nueva Orleáns al día siguiente de su llegada.

El lugar donde me encuentro ahora es una extraña mezcla de cárcel y hospital. Hay una sala enorme con muchos catres vacíos y en desorden, que me producen la siniestra sensación de haber hospedado a cadáveres. No hace falta que te diga que en la ventana hay gruesos barrotes, y que la puerta permanece constantemente cerrada con llave.

Lo peor de este ocio forzado es no saber en absoluto cómo pasar el tiempo. Leo, escribo, fumo, miro por la ventana hacia un prado americano inmaculado, en cuyo centro hay un palo altísimo sobre el que ondea al viento las Barras y Estrellas, una visión que, si no fuera una rebelde sin posibilidad de recuperación, debería recordarme «el reino de la ley y el orden», y otros edificantes pensamientos del mismo género.

Los periódicos me han seguido, y a veces precedido, con la voracidad de lobos famélicos −aquí, en los Estados Unidos, parecen interpretar todo desde el punto de vista de la belleza− y hay uno que ha escrito acerca de mi viaje y se ha detenido en detalles de mi rostro y de mi cuerpo... Muchos periodistas, a los que he negado una entrevista, han tratado de convencerme diciendo que hablarían sólo «de lo guapa que soy». He contestado que no conseguía entender qué tenía que ver la belleza

144

con el movimiento revolucionario y con la expulsión de los comunistas. Evidentemente, aquí las mujeres se miden sólo con el metro cinematográfico.

Bueno, querido Edward, ahora debo dejarte, me están llamando para la cena. Y la matrona de siempre –que padece diabetes, la pobrecita– ha venido a buscarme para escoltarme hasta el comedor, donde no me quita los ojos de encima por miedo de que esta «terrible radical» pueda escaparse e infectar el país con su propaganda venenosa...

Desde cada puerto envía cartas a Weston, en las cuales se trasluce el refuerzo progresivo de sus convicciones políticas. Rechaza con fuerza la tentación de ceder al dolor por los continuos desarraigos sufridos y manifiesta la seguridad de poderse realizar como revolucionaria en cualquier país donde al final llegue. Nunca el menor comentario acerca de la presencia de Vidali.

Tina tiene treinta y cuatro años, ha perdido de pronto todas sus relaciones con el ambiente fotográfico, no tiene medios para mantenerse, y se vuelve a encontrar sola una vez más. La militancia es el único refugio que le queda. Contar con el apoyo de la Internacional Comunista es ahora una opción obligada. El precio será el de rechazar cualquier duda e incertidumbre, cualquier distinción entre compañeros que se equivocan y traidores.

La llegada a Holanda no pone fin al interminable viaje de Tina hacia Europa. La OVRA ha encargado a la Embajada italiana que presente una petición de extradición inmediata. Cuando el *Edam* arriba a Rotterdam, su ficha en el *Bollettino delle ricerche - Supplemento dei sovversivi* firmada por el jefe de policía de Udine, lleva la anotación «comunista a la que se debe detener». A través de una nota enviada por el consulado de Ciudad de México, se deduce que Tina había pedido la expedición del pasaporte italiano varios meses antes de su expulsión. El documento, con el número de filiación 3.300, le había sido entregado el 7 de enero. Es probable, por tanto, que la medida de la autoridad mexicana sólo hubiera anticipado su decisión de volver a Europa.

Para impedir la extradición de Tina, la izquierda holandesa encarga la petición de asilo político a un grupo de famosos abogados. De este modo, el Gobierno tendrá que enfrentarse a una creciente movilización de protesta, pero se adelanta a ella prohibiendo el desembarco de Tina en Rotterdam. Las presiones italianas cada vez son más insistentes, y concederle asilo ahora significaría un incidente diplomático con el Gobierno de Mussolini. Después de largas vicisitudes burocráticas, le conceden el permiso de bajar a tierra sólo a condición de que salga del país ese mismo día. El Partido Comunista Holandés obtiene la ayuda del Partido Comunista Alemán, que intercede para que le concedan un permiso de entrada en Alemania. El 14 de abril de 1930, Tina llega a Berlín.

Vittorio Vidali ha recibido la orden de volver a Moscú. Le propone seguir con él y trasladarse a la Unión Soviética. Tina se niega. Necesita tiempo y soledad antes de tomar una decisión irreversible.

Capítulo 17

Si en México ha podido vivir uno de los momentos más vivos e intensos de la historia de este país, en Alemania llega demasiado tarde. La vida intelectual y artística había expresado en 1927 el culmen del frenesí de un pueblo dirigido a superar la derrota de su imperio, pero en 1929 la crisis de Wall Street arrastra al desastre a la economía alemana. En un año, la creatividad de la Berlín literaria, de la arquitectura Bauhaus y de las innovaciones musicales y teatrales, cae rápidamente en el olvido a causa de los millones de parados, de mendigos, de fantasmas en búsqueda de alimento y refugio para pasar la noche. La política obtusa de las potencias vencedoras se obstina en imponer humillaciones e inútiles restricciones, que favorecen el desarrollo de una exasperada sed de revancha. El nacionalsocialismo crece sobre terreno abonado, demostrando toda la impotencia de los cuatro millones de votos comunistas y de sus 77 escaños en el Reichstag.

Tina siente admiración por la inagotable capacidad de sacrificio de los berlineses, pero en sus escritos habla de gente triste, sin sonrisa, que camina por las calles seriamente y siempre con prisa, como reflejando la consciencia de una tragedia inminente.

> Estoy aquí desde hace diez días, y todavía no he visto el sol. Para alguien que viene de México, el cambio es duro... Pero sé que tengo que olvidar el sol, los cielos azules, y todos los otros encantos de mi México, para adaptarme a esta nueva realidad, y volver a comenzar, por enésima vez, una nueva vida desde el principio...

En la capital mexicana, Tina y Weston habían conocido a una pareja de alemanes, los Witte, que habían sido sus invitados y conservaban una profunda admiración por el trabajo de los dos fotógrafos. En la correspondencia que habían mantenido con Tina, le habían garantizado siempre que en su casa de Berlín tendría una habitación para ella en cualquier momento.

A pesar de contar con la disponibilidad absoluta de estos amigos, comienza enseguida a buscar una independencia económica intentando sacar partido de su experiencia profesional. Pero la difusión de la fotografía en Alemania es mayor que en cualquier otro país, y encontrar un empleo remunerado no se presenta nada fácil.

> La idea de hacer retratos en Berlín me espanta. Hay tantos fotógrafos excelentes aquí, ya sea profesionales, ya sea aficionados, que incluso los resultados que obtienen en sus trabajos más corrientes merecen ser resaltados. Quiero decir que deben ser tenidos en consideración incluso aquellos trabajos que se pueden ver en los escaparates de la calle... Estoy pensando si no valdría la pena organizar un plan para obtener alguna entrada de dinero de los omnipotentes Estados Unidos. Tal

vez colaborando en publicaciones periódicas, revistas, etcétera. Pienso que si Frau Goldschmidt recibe al menos cien marcos por sus artículos en el *New York Times*, yo podría hacer lo mismo...

Y pregunta a Weston si puede ayudarla a través de los fotógrafos alemanes que él conoce, detalle que revela las enormes dificultades con que Tina se enfrenta, hasta el punto de faltar a una costumbre muy arraigada en ella.

Sé muy bien, es obvio, que no es una buena política pedir ayuda a los fotógrafos si uno es fotógrafo, pero lo único que querría de ellos es algún consejo práctico sobre cómo comprar material y dónde poder encontrar un lugar para revelar... Si fuera posible, no querría volver a hacer el esfuerzo de preparar un cuarto oscuro, y espero poder trabajar con alguien que tenga ya un equipo. Si estuviera en los Estados Unidos me haría miembro de la asociación de fotógrafos y utilizaría sus laboratorios. Tal vez también aquí exista algo parecido. Veré.

Y añade una posdata que subraya su situación de semiclandestina:

Debo pedirte que divulgues lo menos posible mi presencia aquí. Podría causarme problemas en el futuro. ¡Gracias!

Tina parece haber concedido a su creatividad un permiso temporal de los compromisos de dedicación total a la misión política. Será el último.

El encuentro con Hannes Meyer marca el inicio de una profunda amistad que sobrevivirá a todas las futuras tragedias. El arquitecto ya ha caído en desgracia, a pesar de que en marzo había disuelto la célula comunista de la Bauhaus, de la que era director. Al ser destituido de su cargo, deja la prestigiosa escuela, ahora disgregada por las tensiones políticas.

Las obras fotográficas de los maestros que habían estado vinculados a la Bauhaus sorprenden a Tina por sus ideas innovadoras. Entra en contacto con el húngaro Moholy-Nagy, que está realizando trabajos experimentales sobre fotogramas, con el holandés Piet Zwart, que trabaja sobre collages, y con las técnicas de fotomontaje de John Heartfield; también estudia las investigaciones pictórico-fotográficas del austríaco Herbert Bayer y del soviético Alexander Rodchenko. Pero, a pesar de la variedad de sus intereses, Tina sigue permaneciendo apartada, buscando una expresividad individual que no encuentra afinidades en el ambiente berlinés. Esto también se debe en parte a la aversión que existe entre Weston y Moholy-Nagy, la cual había llegado al máximo en una exposición de los dos en Nueva York, donde el americano había expresado juicios extremadamente críticos acerca de los experimentalismos del húngaro.

Las fotos hechas por Tina transmiten una imprevisible ironía, en contraste con el clima sombrío en el que había estado inmersa en los últimos dos años. Es como si durante un brevísimo período de tiempo se liberase de pronto de la retórica populista de las últimas fotos mexicanas, recogiendo los aspectos más grotescos y caricaturescos de la vida berlinesa con una sensibilidad nueva, sin duda menos dramática pero no por ello superficial. En la docena de trabajos que se han salvado de sus continuos traslados, parece volver a aflorar la Tina luminosa, sin prejuicios, propensa a jugar con su propia vida y con la de los demás, pero sin herir, limitándose a sonreír de soslayo.

Tampoco faltan las dificultades en el plano técnico, pues debe adaptarse a la Leica 35 que ahora usan todos en Alemania y renunciar a la Graflex gran formato con la que ya estaba muy familiarizada. El 14 de mayo entra a formar parte de la Unionfoto GMBH, una asociación de fotógrafos profesionales que le suministra la credencial de reportera.

Me han ofrecido trabajar en el reportaje periodístico, pero no me siento lo bastante competente. Sigo pensando que es un trabajo para el que los hombres tienen más facilidad, a pesar de que aquí muchas mujeres lo hagan. Incluso el tipo de foto de propaganda que había comenzado a hacer en México aquí ya está imponiéndose. Hay una asociación de «trabajadores fotógrafos» –ahora todos usan una máquina– y los mismos trabajadores tienen mejores ocasiones que yo para sacar fotos, ya que fotografían su propia vida y sus propios problemas. Es obvio que los resultados están muy por debajo del nivel técnico que yo querría mantener, pero de todos modos logran su objetivo. Siento que debe de haber un lugar también para mí, pero aún no lo he encontrado. Y, mientras tanto, transcurren los días, y yo me paso las noches sin dormir preguntándome qué dirección tomar y por dónde comenzar. He comenzado a salir con la cámara, *pero nada...*

Y esta vez llega a pedir a Weston que no escriba su nombre en el sobre de las próximas cartas, que son entregadas a los Witte. La situación política se precipita en una espiral de persecuciones y enfrentamientos armados. Inexorablemente, la ideología nazi conquista el consenso de las masas, llegando a los siete millones de votos del mes de septiembre de

1930. Las dificultades de inserción, para Tina, no pueden hacer más que agudizarse ante el surgimiento de una dictadura que no se apoya en la pasividad, sino en la participación excitada de la mayoría de los alemanes, en sus frustraciones, que generan explosiones de violencia irracional, y en la reacción desesperada ante el desastre económico de la república de Weimar. Y, sin embargo, no faltan los momentos de entusiasmo, puntualmente registrados por improvisados cambios de tono en las cartas a Weston.

> Casi me arrepiento de haberte escrito hace algunos días. Estaba en un estado de ánimo tan confuso, que cedí a la debilidad de no guardármelo todo dentro y volqué en ti mi depresión. Perdóname. No debes preocuparte por mí. Seguiré luchando para abrirme camino, y todavía no está dicha la última palabra. Estoy segura de que todos estos sufrimientos producirán fruto... En otras palabras, tengo bastante confianza en mí misma y soy consciente de que no debo infravalorar mis capacidades. Sólo que... hay momentos en que todo me parece oscuro (o tal vez la realidad sea realmente negra y ésos sean los únicos momentos de lucidez...), pero al día siguiente brilla el sol, y el panorama cambia como por arte de magia.

La falta del calor mexicano influye de una forma fundamental en sus estados de ánimo. También su trabajo se resiente de sus dificultades para ambientarse.

> Me interesan tus experimentos con el papel brillo. Puedo imaginarme a los «Pictorialistas» alzar los brazos, escandalizados por este nuevo ultraje por parte del terrible iconoclasta Edward Weston...

Hasta hoy, he sobreexpuesto todo lo que he comenzado a realizar. Esta maldita luz, ¡después del sol de México! Y, sin embargo, creía que la había tomado en cuenta... Pero trabajaré mejor en el futuro.

No tardará en demostrarlo. La fotógrafa Lotte Jacobi exhibe los trabajos de Tina en una exposición privada que organiza en su estudio, suscitando una profunda emoción en el crítico Egon Erwin Kisch, que más tarde escribirá:

Su secreto es conseguir dar una visión de la realidad a través de la imagen que ella tiene del mundo. Eso significa que consigue hacer que los ojos tristes de un niño sean más bellos que la mirada de una pequeña reina. Y los paisajes industriales, los medios de producción, las manos, las guitarras... resultan más fascinantes que los verdes caminos suizos. Pero los hombres de su mundo no son felices. ¿Por qué? Ésta es la pregunta que surge de sus fotografías.

Al citar los «verdes caminos suizos», Kisch tal vez se refiera a una fotografía de Tina que, en el futuro, será catalogada como «paisaje alemán». Pero en los alrededores de Berlín no hay ninguna zona que se asemeje a ese verde valle con bosques de abetos y las típicas casas suizas de montaña. Probablemente la foto fue tomada durante un viaje clandestino por cuenta del Socorro rojo. Una carta enviada desde Suiza a su amigo mexicano Baltazar Dromundo demuestra que Tina hizo este viaje. Dirigente del movimiento estudiantil y amigo de Mella, Dromundo se sentía unido a Tina por un profundo afecto, que probablemente durante un determinado período él había sentido transformarse en amor. Algunos meses antes de dejar México, Tina le había regalado una foto suya, hecha por Weston, con la siguiente dedicatoria:

Baltazar, ninguna palabra podría expresar mejor que este rostro mío la tristeza que siento por no poder dar vida a todas las maravillosas posibilidades que intuyo, que ya existen en germen, y esperan sólo que se encienda ese «fuego sagrado» que debería sentir, pero que por desgracia ha permanecido apagado. Si me permites usar la palabra derrota en este caso, te diría que me siento derrotada por no tener nada más que ofrecerte y «no tener ya fuerzas para la ternura». Y debo admitir esto precisamente yo, que siempre he dado tanto de mí misma, lo he dado todo con la exaltación que transforma el darse en la más profunda voluptuosidad... Ha sido maravilloso, y aquí te repito: «Fraternidad espiritual de hoy y de siempre»...

El viaje a Suiza parece haber eludido los controles del contraespionaje italiano. Pero la OVRA sigue buscando incesantemente el rastro de Tina movilizando a los numerosos informadores que ha infiltrado en la comunidad italiana. Un tal Accomando, sargento mayor de carabineros, es el encargado de la embajada de vigilar las actividades de los *subversivos* italianos residentes en Berlín. En un informe del 3 de junio se lee:

De las informaciones recogidas por el Sargento Mayor Accomando en los círculos que normalmente se interesan por las exposiciones fotográficas comunistas, no se deduce, al menos hasta hoy, que se esté organizando una exposición de fotos mexicanas. Mientras continúan las indagaciones, hemos informado a través de Accomando a la policía local de la probable presencia en Berlín de la peligrosa comunista Modotti...

Por suerte para ella, Tina no participa en exposiciones públicas y no frecuenta los ambientes italianos. También por este motivo el sargento mayor de carabineros no descubrirá su residencia en la pensión Schulz, en el número 5 de la Tauentzienstrasse, hasta muchos meses después, cuando ella ya esté muy lejos.

El éxito que comienza a obtener con sus trabajos no basta para retenerla en Alemania. Durante algunos meses la fotografía había vuelto a invadir su vida, a despertar la energía que quedaba de una pasión que en cualquier caso se ha vuelto secundaria. Aquí no puede manifestar sus ideas abiertamente, está obligada a limitar las discusiones dentro de las casas de sus amigos, y, para los alemanes, la militancia comunista se traduce ahora en el trabajo clandestino y en responder con un golpe tras otro a las agresiones nazis. Tina advierte de una forma cada vez más dolorosa la falta de un ambiente que en Europa no podrá encontrar nunca. Vidali aparece durante breves períodos, y siempre le insiste para que se vaya a Moscú con él. Su permiso de residencia, válido sólo durante seis meses, está a punto de caducar, y a Tina no le queda otra opción. Antes de abandonar la capital alemana, va a ver a Leo Matthias, que no estaba enterado de su presencia en la ciudad y se queda muy sorprendido al verla. En la tarde que pasa en su casa, Tina le habla de sus últimas vicisitudes, de su separación de Weston, y de su intención de trasladarse a Moscú. Matthias trata de disuadirla, hablándole del agravamiento del enfrentamiento político en la Unión Soviética y del clima de tensión que se ha producido después de la expulsión de Trotski. Ella se limita a no responder, como si la decisión que ha tomado fuera ya irreversible.

> Las calles ya estaban desiertas, cuando, a altas horas de la noche, la acompañé hasta su hotel. Sólo se oía el eco de nuestros pasos. Intercambiamos muy pocas palabras, caminando lentamente como si estuviéramos siguiendo el funeral de un ataúd invisible...

Tina deja Berlín, y la fotografía, en octubre de 1930. Finaliza para ella una época. Pero, huyendo de los ecos siniestros de una Europa enloquecida, se enfrentará a la muda tragedia de sus ideales reprimidos y traicionados.

Capítulo 18

Cinco meses antes de la llegada de Tina a Moscú, Vladímir Maiakovski había cogido el último papel para escribir: «Como se dice, el incidente está zanjado. La balsa del amor se ha estrellado contra lo cotidiano. He arreglado mis cuentas con la vida.» Después se había disparado un tiro en el corazón.

Pero, para ella, que viene de una situación de desarraigo y soledad, Moscú representa la seguridad protectora de un ambiente que la acoge ofreciéndole el primer punto fijo de su existencia. Al principio todo le parece grandioso y sugerente, un inmenso taller en el que cada engranaje trabaja en la construcción de un mundo nuevo. El partido le asigna una habitación, que comparte con Vidali, en el Hotel Soyúsnaia, donde se alojan los funcionarios. Su unión ya no se ve obstaculizada por las medidas de seguridad y por las limitaciones de la clandestinidad. Sin embargo, no tienen en cuenta la rígida moral bolchevique, de la cual Elena Stasova, antes secretaria de Lenin y ahora de Stalin, es en Moscú la inflexible responsable.

La Stasova llama a Vidali a su oficina, desde

donde ejercita poderes mucho más amplios que los de una simple colaboradora del jefe supremo, y lo reprende ásperamente por su conducta inmoral: de hecho, se demuestra que su relación con Paolina Háfkina no ha acabado, y el que conviva con Tina Modotti un día sí y otro no es un síntoma de escasa moralidad que está completamente en contra de la ética socialista. Vidali niega mantener otras relaciones con Tina que no sean las de su común trabajo político, y afirma que espera un hijo de la Háfkina. Pocos días más tarde nacerá Blanca, aplacando las agobiantes llamadas de atención de la Stasova. A continuación, Vidali se separará «oficialmente» de su compañera reconocida, y podrá residir en la habitación del Soyúsnaia sin incurrir en las iras de la secretaria moralista.

También Tina tiene una cuestión que aclarar en lo que se refiere a relaciones personales. Intenta ponerse en contacto con Xavier Guerrero, pues siente el deber de explicarle personalmente lo que le había escrito en aquella carta. Pero él evita cualquier encuentro, manda decir que no está, y no responde a los mensajes que Tina le deja en el Hotel Lux, donde reside. Al final, ella decide esperarlo a la puerta de su habitación.

Cuando Xavier se la encuentra allí, se queda impasible. El hombre al que en México habían apodado «la estatua de piedra», parece haber acentuado todavía más su habitual impenetrabilidad. No muestra ninguna reacción, ni siquiera un saludo o una expresión de sorpresa. La hace pasar, pero sólo para quedarse con los brazos cruzados en medio de la habitación, mirándola fijamente de un modo inexpresivo. Tina le habla de la carta, de todo lo que le costó escribirla; se esfuerza por explicarle que no tenía otra alternativa, que era la única solución para no engañarle. Y le pide que, a pesar de todo, puedan mantener una relación de amistad, esperando que pueda superar el rencor que le guarda.

Xavier, mudo y solemne como siempre, la observa sin mover un solo músculo.

—Te lo ruego, Xavier... —le implora Tina— dime al menos algo...

Xavier se dirige lentamente hacia la puerta y la abre. Tina lo mira fijamente temblando de impotencia y comprende que ya no es posible ningún diálogo. Resignada, se dirige a la salida.

Cuando está en el umbral, él murmura en voz bajísima:

—No hay nada que valga la pena discutir. Debías imaginarlo. Y en lo que a mí respecta, no nos hemos conocido nunca.

Tina hace un gesto impulsivo, trata de acercarse, pero se queda paralizada por la mirada gélida de Xavier. Traga saliva varias veces para reprimir las lágrimas que están a punto de saltársele, mueve la cabeza sin encontrar palabras para romper el muro que les separa. Da unos pasos hacia el pasillo, se vuelve para saludarle con un gesto. Xavier echa ligeramente la cabeza hacia atrás y dice:

—He sabido que estás con el italiano...

Ella abre la boca, pero antes de que pueda decir algo, él añade:

—Si existiera otro mundo, me gustaría ver la cara de Julio en este momento.

Tina se contrae, como si hubiera recibido un dolor intenso e insoportable. Xavier le dirige una mirada de desprecio, y cierra la puerta en silencio.

El 7 de noviembre Tina participa en la manifestación conmemorativa de la Revolución de Octubre. Hay un océano de banderas rojas, el suelo de la inmensa plaza tiembla bajo la avalancha de grupos que confluyen desde todas las direcciones, en el aire resuenan charangas y coros, gritos y provocaciones, lemas y estruendosos aplausos. Vittorio Vidali está junto a ella y es saludado por importantes personas del partido y del Ejército. Stalin le había estrechado la mano por primera vez en 1928. Cuando lo invitan al palco, el *padrecito* le dirige una sonrisa solemne. Para Tina, las emociones de esa jornada son la confirmación de haber tomado el camino justo.

Asignada a la oficina exterior del Socorro rojo, se sumerge con incansable disciplina en el trabajo burocrático. Su conocimiento de varios idiomas y la dedicación con que permanece encerrada en su pequeña oficina durante doce horas al día, le valen una especie de promoción en el sector de Prensa y Propaganda. Traduce artículos de periódicos extranjeros y se encarga del archivo, pero también escribe informes y convocatorias y la envían a las fábricas para dar conferencias sobre la represión en los países europeos y latinoamericanos.

Su entusiasmo inicial se refleja en una carta que escribe a Weston en diciembre de 1930.

Estoy viviendo en un torbellino de acontecimientos desde que he llegado aquí, hasta el punto de que ni siquiera recuerdo si te he escrito o no durante estos tres meses. De todas formas, hoy he recibido el anuncio de tu exposición (justo con tres meses de retraso, debido seguramente a la persona que me envía el correo desde Berlín), y no puedo esperar un solo día más para enviarte mis saludos con el mismo sentimiento de siempre. Nunca he tenido tan poco tiempo libre como ahora. Esto indudablemente tiene sus ventajas, pero también sus inconvenientes, como el de no encontrar tiempo para dedicarte, aunque sólo sea para escribirte algunas palabras confusas como lo estoy haciendo ahora.

Tendría tanto que contar sobre mi vida aquí, *pero no hay tiempo...* Estoy viviendo una experiencia nueva, interesantísima, hasta el extremo que me hace sentir otra persona.

Edward, estoy pensando una cosa que, te lo juro, nunca se me había ocurrido antes. ¿Sabes de alguien que quiera comprar mi Graflex? Aquí podría venderla fácilmente, si no fuera por la imposibilidad de conseguir películas de esta medida. Si me encontraras un comprador, podría hacértela llegar por alguien que venga de allí, siempre hay gente que va y viene continuamente. Perdona la interrupción. Quería decirte también que me gusta muchísimo la breve introducción del anuncio de tu exposición. ¡Por fin Nueva York tendrá el don de ver tu trabajo!

Querido Edward, si alguna vez sientes deseos de enviarme noticias tuyas, la dirección de Berlín funciona todavía. Sólo que, si es posible, trata de escribirme cartas breves, por varias razones...

Pero su relación con Weston finaliza así, con estas pocas líneas. Es la última carta de Tina. Desde el 12 de enero de 1931, el día en que la recibe, Weston no volverá a saber nada más de ella.

Ahora les separa un abismo infranqueable; Tina ha dejado de lado las dudas, y ese «remolino de acontecimientos» se traduce en una fe absoluta que no permite echar la vista atrás. Desde hace tiempo sus cartas son monólogos entre dos personas que sólo tienen en común el recuerdo del pasado. Ella no pretende convencerlo de sus ideales, pero tampoco quiere callar las emociones que está viviendo. En algunos casos le ha escrito para desahogarse, porque con ningún otro hubiera podido exteriorizar la angustia que sentía por lo que sucedía a su alrededor, o la esperanza en un futuro menos oscuro. Y, mientras tanto, el pesimismo de él hacia el género humano se iba transformando en una intolerancia visceral hacia todo lo que tuviera algo que ver con «las masas».

También la presencia de Vidali ha influido en ello, al menos en parte. Para él es inconcebible que Tina siga manteniendo relaciones con un «burgués individualista» que manifiesta una clara aversión por el comunismo. Y no pierde ninguna ocasión para recordarle que la Unión Soviética, al tenerse que defender de todo tipo de enemigos, tanto internos como externos, está obligada a controlar sutilmente las relaciones de los militantes extranjeros...

Capítulo 19

Las presiones económicas y políticas amenazan con estrangular a la Unión Soviética, pero esto no es suficiente para justificar la involución paranoica que resquebraja una tras otra las conquistas de independencia y autonomía. *Todo el poder a los soviets*, es decir, a los consejos representativos, es ahora el emblema de un pasado romántico, cancelado por una realidad en la que cualquier decisión es fruto de turbias tramas y maniobras aliancistas. Inexorablemente, el clima político es cada vez más rígido. El esfuerzo gigantesco para la realización del primer plan quinquenal muestra la otra cara de la «revolución en un solo país». Se ve penuria, cansancio, tristeza, en la gente que se arrastra por la fuerza de la inercia, buscando un motivo para seguir creyendo, mientras asiste pasivamente al crecimiento del Leviatán burocrático, del pulpo delator dispuesto a denunciar la más mínima transgresión a la ortodoxia estalinista.

Vittorio Vidali es uno de los pocos extranjeros que poseen el carnet del partido, signo de la gran confianza que el aparato tiene en él. Pero, en 1933, al igual que todos los militantes y funcionarios, debe someterse al filtro de la CISKA, el organismo oficial que decide las depuraciones. Una comisión del Comité central realiza un estudio exhaustivo de los datos biográficos, y sólo si se comprueba que éstos son totalmente ajenos a las sospechas de «hipocresía» y «degeneración de origen pequeño burgués», el carnet será devuelto. Vidali tiene la desagradable sorpresa de encontrarse a Luigi Longo en el papel de acusador; éste no duda en denunciarlo por sus pasadas «inclinaciones terroristas». Pero la *compañera presidente* de la CISKA en persona se alza en su defensa, exaltando su integridad de honrado militante. Probablemente los servicios realizados por Vidali lo preservan de cualquier intento de delación por parte de los compañeros de partido de su mismo país.

Tina continúa participando en todas las reuniones del Comité ejecutivo y en la actividad de la célula de partido en la que se ha inscrito, encerrándose progresivamente en un silencio pasivo. Se niega a intervenir en las controversias sobre el «trotskismo» y el «bujarinismo», asiste sin abrir la boca a todas las discusiones sobre los distintos *desviacionismos*. Cuando también ella debe presentarse ante la CISKA y le preguntan si está de acuerdo totalmente con la línea del partido, se limita a responder «Sí», sin añadir nada más.

−¿Te das cuenta? ¿Comprendes lo que significa para mí?

Vidali grita inclinándose hacia delante, agita los puños apretándolos hasta hacer palidecer los nudillos. Las venas del cuello y de la frente le palpitan, hinchadas por la rabia que desahoga en la habitación en penumbra. Se dirige bruscamente hacia la mesita de la esquina, se sirve otro vaso de vodka de una botella sin etiqueta, un alcohol fortísimo muy barato. Tina se decide a alzar la vista.

–Déjalo ya. Estás despertando al menos a tres pisos del hotel.

Él parece paralizarse. La mira fijamente con los ojos enrojecidos, con una expresión repentinamente herida, llena de desilusión.

–Pero entonces no lo comprendes... ¡Ni siquiera tú has comprendido nada de lo que ha sucedido realmente!

Tina se levanta. Va a coger un cigarrillo del paquete que asoma en un bolsillo del pesado abrigo de lana. Exhalando el humo, dice en voz baja:

–Sí, sí..., ¿pero cuántas veces me has dicho tú a mí que no es necesario explicar nada?

Vidali se echa hacia atrás los cabellos y respira para tranquilizarse.

–Está bien... está bien, tienes razón. Estoy montando mucho escándalo, y tal vez... haya alguien escuchando al otro lado de la pared. Pero yo pensaba que al menos tenía la ayuda de un amigo... ¡Longo era un amigo para mí!

La voz se le quiebra en la garganta, y la frase acaba en un gorgoteo sofocado.

–Un amigo... y por poco hace que me echen del partido. ¿Comprendes lo que esto significa para mí?

–Podía haber acabado peor.

Él vuelve a mirarla fijamente, con una mirada de estupor que lentamente se transforma en una anonadada certeza. No se había dado cuenta de hasta qué punto ella se había endurecido, de su capa de vítrea glacialidad.

–Tina... me ha denunciado. Longo me ha denunciado a mí, uno de los pocos compañeros con los que podía contar... y tú... ¿no tienes nada más que decir? Nada más que...

–Debías esperártelo, Vittorio. Hace algunos años me enseñaste que todo esto forma parte de lo que tú llamas «lucha de clases», ¿no? Y lo has utilizado cuando considerabas justo eliminar determinados obstáculos del camino... Sólo estoy repitiendo tus palabras. Ahora pareces asombrarte, sólo porque, por un momento, te has encontrado en el lugar de aquellos que sufren las reglas en lugar de imponerlas.

–¿Pero de qué diablos hablas? ¡Ese canalla me ha definido como «un terrorista» ante la comisión! ¡Maldita sea! ¡Podía haberme destruido!

Tina abre los brazos, y sonríe con una expresión ambigua.

–Para destruirte a ti, hace falta mucho más que la palabra de Luigi Longo... Al final has salido reforzado. La «compañera presidente» ha elogiado los múltiples servicios que has realizado para el Komintern. Todos han confirmado tu fidelidad... ¿Qué más pretendes?

Da una larga calada al cigarrillo, mientras él vuelve a andar de un lado para otro, bebiendo con movimientos nerviosos.

El agente operativo Vittorio Vidali es demasiado útil al aparato para arriesgarse a perder sus servicios a consecuencia de unas vagas acusaciones acerca de sus «inclinaciones terroristas». Su trabajo en Moscú consiste sobre todo en controlar el Club de los emigrados italianos, un círculo en el que, desde hace algún tiempo, se elevan voces críticas sobre las decisiones de política internacional impuestas por Stalin. Y serán doscientos veintiséis los comunistas italianos que desde allí emprenderán el camino sin retorno de Siberia, otros nueve acabarán fusilados en los patios de las prisiones secretas, cuatro se suicidarán y dos morirán en el manicomio.

La sede está en Leóntievski Pereúlok, una transversal de la calle Tverskaia, en un antiguo hotelito que había pertenecido a un terrateniente hasta la Revolución de Octubre. En la entrada, una lápida de mármol recuerda el atentado *contrarrevolucionario* llevado a cabo en el local el 25 de septiembre de 1919, cuando los anarquistas arrojaron una bomba contra el secretario del comité, Vladímir Zagorski, en protesta por las persecuciones de los bolcheviques. Hay un salón para las reuniones que parece un escenario, otro para las asambleas de las sesiones nacionales, una oficina con una secretaría para cada representación, y un bar abierto desde las seis de la tarde hasta medianoche.

El presidente del Club es Paolo Robotti, cuñado de Togliatti, al que alguno de los futuros condenados apoda enseguida «el robot estalinista». Se nombra colaboradores suyos a Giovanni Germanetto, Clarenzo Menotti y Vittorio Vidali. También Tina suele frecuentar aquellos locales, pero sin exponerse.

Después del nombramiento de Robotti, decidido en una reunión de la delegación italiana del Komintern presidida por Togliatti, las nuevas «directrices» sobre la identificación de los *desviacionistas* crean un clima de desconfianza y sospecha mutuos. Todos los comunistas que se reúnen allí para discutir se han salvado de los tribunales fascistas y han llegado a Moscú con la ilusión de poder contribuir a la construcción de un mundo nuevo que llevaban dentro del corazón. Sin embargo, la ingenua visión del sistema social con el que habían soñado a menudo contrasta estridentemente con todo lo que tienen ante sus ojos. Sus palabras son escuchadas atentamente por funcionarios que fingen comprensión e indiferencia, dispuestos a referir cualquier inquietud, incluso el más mínimo atisbo de crítica. Emilio Guarnaschelli se encuentra entre aquellos comunistas que han pasado del inicial ardor por la sociedad soviética a la desilusión por las injusticias y el aberrante clima de opresión, del que será víctima por la delación de un falso amigo dispuesto a escuchar sus desahogos. Morirá de debilidad en un campo de concentración, sin haber entendido nunca los motivos reales por los que le acusaron de «traidor».

Paolo Robotti, sirviéndose de sus fieles colaboradores, posee un puntilloso cuadernito del que surgen las acusaciones en las sesiones de *autocrítica*, donde cada uno debe recitar su *mea culpa* recordando incluso el más insignificante «error» cometido en el pasado. Muchos prefieren inventarse pequeñas responsabilidades perdonables en lugar de callar ante la comisión. En cualquier caso siempre hay algo de lo que defenderse en aquel cuadernito inagotable.,.

Capítulo 20

Silenciosa, melancólica, encerrada en su sombría impenetrabilidad, Tina continúa trabajando como traductora y archivando pacientemente artículos y análisis. Pero tal vez precisamente para huir de ese clima asfixiante se ofrece para arriesgadas misiones en el extranjero. Entre 1932 y 1933 viaja a Polonia, Hungría, Rumanía, realizando servicios para el Socorro rojo. También pasa breves períodos en España, donde al final la policía la detiene: su pasaporte falso, que esta vez la identifica como ciudadana guatemalteca, no pasa el minucioso control, y Tina es expulsada como sospechosa de pertenecer a los servicios soviéticos. Su siguiente misión es en Viena, donde participa en la insurrección contra la dictadura de Dollfuss.

En agosto de 1933 Tina y Vidali son llamados a la 4.ª Sección del Ejército rojo, sede de los servicios secretos militares. El general Berzin les explica la delicada misión que todavía está en fase de proyecto: deberán trasladarse a China, y entrar en la red de Richard Sorge, donde Tina desempeñará un papel fundamental por sus conocimientos de fotografía y su dominio de los idiomas. Ambos aceptan.

Sorge pasará a la historia como el espía soviético que en 1941 suministró la fecha del inminente ataque alemán. Stalin no quiere reunir tropas en la frontera para no ofrecer ningún pretexto a su aliado nazi y considera una provocación cualquier alarmismo en relación a Hitler. Incluso se aconseja a sus colaboradores más próximos que se aseguren de la buena fe de quien se esfuerza por ponerlo en guardia, censurándole de antemano. A las tres y cuarto del 22 de junio de 1941, tres Grupos de Ejército alemanes traspasarán las líneas soviéticas avanzando hacia Leningrado, Kíev, Járkov y Moscú. En diciembre de ese mismo año, serán detenidos por el invierno y por el sacrificio de los mejores hombres del Ejército rojo. Pero también esto se resolverá a favor de Stalin, que aprovechará la ocasión para arrojar en el horno de la guerra a una serie de altos oficiales que pronto hubieran representado un peligro, construyendo al mismo tiempo la epopeya de la resistencia al invasor que justificará todavía más su castigo a los traidores. Sorge pagará con la vida ese inútil riesgo: descubierto por los japoneses, será condenado a la horca.

Pocos días antes de partir, la Stasova bloquea la misión de Vidali y Tina. La orden está firmada por Climent Voroshilov, comandante supremo de las Fuerzas Armadas soviéticas. Por otra parte está el hecho de que en agosto de 1933, Tina Modotti acepta entrar en la plantilla de los servicios secretos militares. Se desconoce el motivo de la repentina anulación de su misión.

En 1934 se traslada durante varios meses a París, donde Vidali se reúne con ella. Para evitar un segundo «incidente» después de todo lo que ha sucedido en España, los dos se ven obligados a permanecer en la clandestinidad. Ella utiliza un pasaporte costarricense, y no debe dejarse identificar bajo ninguna razón como enviada por Moscú para organizar el centro exterior del Socorro rojo. Viven separados, y se ven muy de vez en cuando en lugares públicos, teniendo cuidado de evitar los controles de la policía. En realidad, es Vidali quien no se puede permitir que le identifiquen. Su especialidad es cruzar fronteras y pasar a través de las redes de los servicios secretos de decenas de países, y en los innumerables expedientes que se van acumulando sobre él no hay dos que lleven el mismo nombre. En cada uno figura una filiación y una ciudadanía diferentes, por lo que resulta imposible saber cuál es la verdadera.

Pero, a pesar de las precauciones que toman ambos, una noche Vidali se da cuenta de que le siguen. Se dirige al apartamento utilizado como archivo y fichero del Socorro rojo en Francia, donde Tina lo está esperando para poner a punto una serie de intervenciones ordenadas por Moscú. La casa tiene apariencia de domicilio privado, por lo cual en ella no se celebran reuniones y sólo la visitan dos o tres militantes a la vez.

Ha notado que le siguen al menos dos hombres desde que se ha bajado del último autobús. Evidentemente, la larga serie de transbordos no ha servido para despistarlos. Es probable que sean muchos más y que se turnen para seguirlo. Vidali se ha dado cuenta por esa especie de sexto sentido que le permite advertir una tensión en el ambiente. Su instinto lo ha salvado en muchas situaciones análogas, poniéndole siempre en guardia antes de que fuera demasiado tarde. Pero esta vez debe reconocer que se las tiene que ver con profesionales, y la idea de salir corriendo por una callejuela se demuestra inútil en al menos dos ocasiones. Siempre le han vuelto a coger más adelante, señal de que toda la zona que está atravesando está ya bajo control. Necesitaría un coche para conseguir alejarse a toda prisa del barrio, o incluso para salir fuera de París y desde allí avisar a Tina para que destruya todos los expedientes y huya. Pero tal vez ni siquiera así se salve. Si han decidido tal despliegue de fuerzas seguramente también habrá coches preparados a cierta distancia.

Vidali roza la culata de la pistola, y la mano le resbala por ella a causa del sudor frío que siente también en la espalda y el rostro. Debe deshacerse de ellos. Ahora ya no tiene ninguna salida, y dejarse apresar con un arma encima puede comprometerlo de una forma irreparable. Intentar defenderse es una locura. Son demasiados, lo matarían sin darle tiempo a atacar a más de uno, como máximo a dos. Y si le hirieran... Se pasa una mano por los ojos para quitarse el sudor que le nubla la vista. Imagina los titulares de los periódicos, el incidente internacional, las dificultades del Gobierno soviético... Le eliminarían para no comprometer el trabajo de muchos compañeros suyos, lo cual le condenaría al limbo de los agentes operativos acabados, sin la más mínima posibilidad de volver a Moscú.

El empedrado está viscoso por el chaparrón primaveral que ha caído unas horas antes. Al saltar un charco, se deja caer de bruces; maldice en voz alta, finge haberse torcido el tobillo y rueda de lado, y mientras tanto tira la pistola detrás de los cubos de basura. Se vuelve a levantar con un gesto de rabia, y comienza a caminar cojeando.

Dos faros salen de una calle transversal, el resplandor lo paraliza durante un instante. Es un taxi. Alza el brazo y se lanza hacia delante, pero el coche se desvía, lo evita y prosigue acelerando. Sólo le da tiempo a entrever la figura que va sentada en el asiento posterior y la maldice entre dientes.

El apretón en el brazo es como una tenaza, pero la voz suena extrañamente amable.

—Ahora basta, nada de tonterías.

El hombre sonríe y hace un gesto invitándolo a seguirle, mientras que otro lo registra rápidamente. Un tercero se asoma desde la otra parte de la calle, y de pronto aparece un coche oscuro en el fondo de la vía.

—Pero ¿qué queréis?..., ¿quiénes sois? —pregunta mostrando un aterrorizado estupor.

El que le sujeta el brazo se mete la otra mano debajo de la chaqueta. Le muestra un distintivo de metal, que brilla bajo la luz del farol.

—*Deuxième Bureau.** Síganos, por favor. Sólo queremos tener con usted un breve *intercambio de opiniones*.

La habitación está inmersa en la oscuridad, a excepción del gran escritorio de caoba oscura, iluminado por una lámpara verdosa que expande una luz difusa. No tiene aspecto de ser una oficina del contraespionaje, y mucho menos de un sótano utilizado para los interrogatorios. Vidali se ha dado cuenta de que ha bajado más escalones de los que ha subido; no hay duda de que el local está por debajo del nivel de la calle. Pero la refinada forma en que está amueblado y esa absurda lámpara de bronce, con la sinuosa figura de una ninfa alada que sostiene un pesado caracol de cristal espeso e hinchado, hacen que el ambiente resulte aún más siniestro. Vidali está sorprendido por la actitud amistosa, por la ausencia de modales bruscos y amenazas, incluso por los cuadros de las paredes, que no representan a padres de la patria, sino dibujos de la ciudad en épocas lejanas, imágenes de multitudes dispuestas sobre las barricadas, rostros de mujeres que incitan al asalto de una fortaleza en llamas...

* En francés en el original. *(N. de la T.)*

–Como puede ver, tenemos alguna experiencia en lo que se refiere a revoluciones.

La voz es ronca, con una veta de sarcasmo. Vidali se vuelve después de algunos instantes, controlando su instinto de saltar de la silla. Es un hombre de unos cuarenta años, más joven de lo que había intuido por su tono cansado, atravesado por un jadeo asmático. Da vueltas a su alrededor, observándolo de arriba abajo con una sonrisa de complicidad. Señala un cuadro enmarcado en raíz roja y murmura:

–Barricadas, humo, bocas abiertas... las motivaciones y los ideales pueden cambiar, pero lo único que permanece siempre igual es el olor de la sangre...

Va a sentarse al sillón de la esquina, obligando a Vidali a girarse y a mirarlo desde una posición incómoda.

–Y después, con el paso de los años, todos comienzan a preguntarse si realmente valía la pena.

Vidali permanece impasible. Sostiene la mirada sin expresar ninguna emoción, esperando la primera pregunta.

–Usted, en cambio, es de esos que creen en la absoluta originalidad de sus propias experiencias, ¿no es verdad?

Vidali hace un gesto imperceptible con los labios, una vaga mueca de suficiencia y, al cabo de unos segundos, dice:

–Yo sólo creo que usted se está equivocando de persona. –El hombre se alza de hombros, rechazando con un gesto de la mano lo que considera una pérdida de tiempo.

–No he hecho que le traigan aquí para que invente justificaciones plausibles, y mucho menos para oír excusas. Usted, señor... a propósito, ¿cómo prefiere que le llame?

Vidali señala su pasaporte, que está en el escritorio.

—Está escrito ahí. Soy un ciudadano uruguayo, y mi nombre es...

—Sí, es un óptimo trabajo —le interrumpe— no pongo en duda la maestría de los falsificadores de que disponen. Sólo quería saber hasta qué punto es digno de consideración esto...

Y se levanta para abrir un cajón del fichero, de donde saca un papel que acerca a la luz para leer:

—Sormenti Enea o Contreras Carlos, se cree que es Vidali Vittorio hijo de Giovanni y Bianca Rizzi, de Muggia, Trieste, nacido el 3 de marzo de 1901, objeto de un anterior comunicado, etcétera...

Se detiene para dirigirle una mirada cortante, constatando que el informe de la OVRA no ha producido la más mínima reacción en él. Asiente, suspirando con una expresión resignada.

—Señor Vidali, ninguno de nosotros dos tiene tiempo para perder. Y en el fondo, realizamos el mismo trabajo. Los gobiernos y los ideales cambian, se transforman, se alternan, pero los que son como usted y como yo siempre permanecen en su puesto, porque ningún poder puede prescindir de nosotros.

Vuelve a guardar el papel en el cajón.

—¿No opina lo mismo?

—Puedo intuir cuál es su oficio, pero seguramente no tiene nada que ver con el mío —rebate secamente Vidali.

—Está bien, si ha decidido interpretar su papel más allá de los límites razonables, entonces continúe si quiere. Yo sólo quería advertirle de que mi país está dispuesto a tolerar su presencia, pero no permitirá ninguna intromisión en las cuestiones internas francesas.

Se acerca al escritorio y apoya las dos manos

sobre su superficie. Ahora parece haber renunciado a todo intento por parecer cordial.

—En otras palabras, prosiga su trabajo de control y denuncia. Sus venganzas no nos interesan. Pero se lo advierto: si ha recibido la orden de eliminar a algún desgraciado por encargo del gobierno del que actualmente depende, nos veremos obligados a impedírselo. No queremos que suceda nada parecido en territorio francés. ¿Me he explicado?

Vittorio abre los brazos y esboza una risita silenciosa.

—Para haberse explicado... sí, ha estado clarísimo. Qué pena que yo no sea el colega que usted imagina.

—Si con eso quiere decir que hay una diferencia entre el Deuxième Bureau y la Guepeú, en cierto sentido tiene razón. Pero se trata de una simple fachada. El principio es el mismo.

Vidali se levanta de pronto.

—Si hay una orden de detención, enséñemela. En caso contrario, exijo...

—Por favor, ahórrese la escena principal; y tranquilícese porque nadie tiene la intención de detenerle. Sólo faltaría... Usted tiene las espaldas bien cubiertas, señor Vidali, y nosotros no queremos tener problemas con el Gobierno soviético. Yo sólo le estoy haciendo el favor de invitarle a dejar Francia cuanto antes. Obre en consecuencia.

—Espero no volver a verle —dice secamente el hombre que ahora finge estudiar algunos expedientes.

Vidali se vuelve, camina hacia la puerta abierta de par en par.

—Ah, una última cosa...

Vidali se detiene, se vuelve a mirarlo, pero el otro evita alzar la cabeza. Está inclinado sobre el cajón, de donde saca la pistola que Vidali había arrojado en la calle.

Arcos de convento con escalera al fondo, Tina Modotti, 1924

Poste con cables, Tina Modotti, 1924

Tehuana cargando un niño desnudo, Tina Modotti, 1929

Mujer de Tehuantepec, Tina Modotti, 1928

Guitarra, canana y hoz, Tina Modotti, 1927

Alcatraces, Tina Modotti, 1927

La máquina de escribir de Julio Antonio Mella, Tina Modotti, 1929

Manos de obrero con pala, Tina Modotti, 1926

Rosas, Tina Modotti, 1923

–Lo siento, pero ésta debemos quedárnosla.

Sonríe con una expresión de falso pesar.

–Por desgracia tiene los números de la matrícula raspados, y ya sabe cómo es la burocracia... Pero estoy seguro de que no tendrá dificultades para conseguir que le suministren una nueva. Lo esencial...

Alza la vista, sosteniendo la pistola con las yemas de los dedos.

–...Es que evite usarla aquí. Tómelo como un consejo *de colega a colega*...

Vidali se queda mirando fijamente el arma, no sabiendo si replicar.

–Cuento con su discreción. Hasta nunca, señor Carlos Contreras.

Han transcurrido dos horas desde la cita. Y aquel coche sigue parado en el comienzo del callejón de enfrente. Ahora Tina está segura de que a Vidali le ha sucedido algo. Lo que aún la trastorna más es la absoluta falta de precauciones de los dos hombres de allí abajo, que no hacen nada para ocultarse. El apartamento está controlado de una forma demasiado evidente, como si quisieran provocar una reacción para intervenir. Apaga la colilla que hay en el cenicero y se detiene un instante a contar los cigarrillos que ha fumado sin parar.

No le queda otra solución. Se acerca rápidamente a la estufa de leña, abre la puertecita, vuelve atrás y vuelca los cajones en medio de la habitación con gestos rápidos, frenéticos. Cuando los ha vaciado todos, se queda mirando fijamente el montón de papeles tirados en el suelo. Después comienza a meterlos a puñados en la estufa, atascándola hasta ahogar el fuego. Maldice la lentitud con que se quema el papel, maldice aquella maldita estufa que no consigue destruir los miles de nombres, informes, análisis, previsiones, fichas de enemigos de siempre y *traidores* recientes...

El humo sale a borbotones, se expande por el techo y desciende en una niebla cada vez más espesa, que no le permite ni respirar ni ver. Se tapa la boca con un pañuelo, sigue arrojando papeles justo al lugar en donde, de vez en cuando, surge una viva llamarada, tose y siente que las lágrimas ya no consiguen mitigar la quemazón que siente en los ojos.

De pronto oye un ruido a sus espaldas, pasos nerviosos, alguien que se tropieza con una silla que choca contra la pared. Tina aferra instintivamente la larga pinza de remover las brasas y, al volverse, pierde la orientación, se tambalea y cae de rodillas, braceando en medio del humo que le paraliza los pulmones.

Ve el rostro amigo de un viejo compañero alemán y siente que unas manos la levantan y la arrastran hacia la ventana, abierta de par en par con un golpe seco. Después se deja llevar hasta la puerta, la sacan al descansillo, y vuelven a cerrar la puerta; siente que la garganta se le inflama por el oxígeno que inspira a pequeños sorbos, intentando vencer la tenaza que le aprieta el pecho.

Después de algunos minutos Willy Koska vuelve dentro y acaba de quemar poco a poco los expedientes. Tina vuelve a entrar en la habitación, donde el humo se ha reducido a un azulado velo estancado en el techo.

Él también había ido allí para destruir el archivo, y ahora la regaña bondadosamente por el riesgo que ha corrido. Tina está encorvada en la silla y le mira de forma ausente.

Más tarde, llega también Vidali. La alegría de volver a verlo vivo y libre dura justo el tiempo de escuchar la breve explicación de su detención. Tina siente que una rabia incontrolable le sube por dentro, un rencor sordo hacia aquel hombre que sigue jugándose la vida y emplea aquel tono despreciativo, casi vanagloriándose de haber vuelto a salir indemne una vez más. Y cuando llega a criticarla por haber actuado de una forma tan atolondrada, acusándola incluso de haber perdido el control ante una situación de emergencia, ella se levanta y comienza a insultarle.

−Crees que todo el mundo es como tú, sin ningún tipo de sentimientos a la hora de obedecer y ejecutar... y si alguien se pierde por la calle ¡tanto mejor! Quiero decir que no era lo suficientemente importante, ¿no es así? Y yo, la idiota de turno, preocupándome... ¿De qué además? ¡Debía saber que el valeroso compañero Vidali siempre se las arregla!

−Tina, contrólate. Sabes que no debes usar mi nombre en ninguna situación y bajo ningún motivo...

−¿Lo ves? ¡Sólo soy una mujercita histérica que amenaza con echar a perder las misiones del inasible compañero innominable! Y si hubiera muerto asfixiada, habrías rellenado tu excelente ficha tranquilizando al partido de que, por suerte, tú estabas aquí para arreglarlo todo...

−Estás diciendo tantas tonterías, que prefiero olvidarlas enseguida.

−¡Gracias, compañero! Gracias por no denunciarme por ser poco de fiar en uno de esos sucios informes tuyos llenos de cobardías...

Vidali la aferra por las muñecas y la zarandea violentamente, obligándola a sentarse a la fuerza.

−Cállate. Has exagerado. Volveremos a hablar de ello cuando te hayas tranquilizado, ahora no te das cuenta de lo que dices.

−¡Eres tú el que no te das cuenta! −murmura con voz ronca y con las lágrimas cayéndole por el rostro manchado de hollín−. Tú sólo sabes juzgar y catalogar, y a quien se equivoca se le aparta, sin pararte un momento a pensar... sin preguntarte nunca si realmente ésa es la única solución de todo...

—Ni siquiera sé a qué te refieres. Y no tenemos tiempo que perder. Esta casa está controlada, hay que avisar a los compañeros para que se mantengan alejados de aquí.

Tina esboza una sonrisa melancólica, dirigiéndole una mirada de conmiseración.

—En una época tu seguridad me daba fuerza. Me agarraba a ella como a una cuerda para dejarme arrastrar fuera del fango. Pero ahora... sólo me parece una coraza para ocultar tu debilidad. Te falta el valor de sufrir, Carlos... Tu falta de dudas es sólo un deseo de no ver y de no sentir.

—En suma. ¿Qué demonios quieres? Escupe lo que tienes dentro y hazlo deprisa. ¡Porque yo a estas horas ya tendría que haber cruzado la frontera!

—¿Cruzado la frontera...?

—Sí; me voy a Bélgica esta misma noche. Si me quedo aquí es probable que me detengan. Y en torno a esto organizarían una campaña que debe ser absolutamente evitada.

Se acerca a ella con los brazos cruzados y en una actitud provocadora.

—¿Entonces? ¿Puedo saber cuál es el problema?

Tina hace un gesto con la cabeza, suspira y se contrae por un golpe de tos que le produce un agudo dolor en el pecho.

—Nada. No hay ningún problema. Hace tres días que no das señales de vida, y aunque no hubiera sido por el contraespionaje francés... de todas formas habrías llegado tarde, sin importarte lo que podía sentir yo, que me paso las horas esperando que estés en alguna cama y no en una celda...

Vidali se vuelve hacia otro lado con un gesto impaciente y agita las manos diciendo:

—¡Otra vez con las mismas estupideces! ¡Ahora resulta que me divierto muchísimo en esta ciudad de mierda!

—No te hagas ilusiones, no te estoy haciendo una escena de celos. Esos tiempos han acabado. Y sé muy bien qué *sacrificios* debes hacer para establecer contactos y ampliar la logística...

—Estaba claro desde el principio que aquí en París no nos íbamos a poder ver a menudo. No me hagas repetir los mil motivos que conoces mejor que yo.

—Mejor que tú, está sólo el Comité central... y todo lo demás son un montón de peones que hay que mover según las exigencias y las órdenes.

Vidali se encoge de hombros resoplando. Va a controlar la estufa para comprobar que no han quedado papeles legibles. Después se dirige a la puerta y, antes de abrirla, se detiene para decir:

—Te haré saber algo apenas encuentre un empleo en Bélgica. Tú utiliza sólo el contacto que conoces y, si todo va bien, él te dirá lo que debes hacer para reunirte conmigo.

Capítulo 21

El asesinato de Serguéi Mirónovich Kostrikov, llamado Kírov, marca el culmen del delirio depurativo.

A finales de enero de 1934 se celebra el 17.º Congreso del partido, que pasa a la historia como el «Congreso de los Vencedores». Exaltando los éxitos del primer plan quinquenal y de las colectivizaciones forzadas en el campo, se presenta un ambicioso programa para el futuro inmediato. A pesar de la aparente unanimidad de opiniones, los dirigentes más populares del partido, como Kírov, Petrovski y Póstyshev, formulan la oportunidad de que Stalin sea relevado de su cargo de secretario general y, una vez tomada esta postura, muchos delegados votan en contra de él. El intento falla, y Stalin se encierra aún más en su maniática convicción de estar rodeado de traidores. Se ve abandonado incluso por los colaboradores que ha colocado en los más altos cargos, y que ahora se han dado cuenta de la necesidad de detener el monstruoso mecanismo alimentado por ellos mismos. Stalin emplea todo el año de 1934 en reforzar su propio poder personal, adoptando una serie de contramedidas dirigidas a la eliminación de la mayoría de los funcionarios que están a su lado. A mediados de año comienza una nueva depuración, caracterizada por un control minucioso del pasado de todos los afiliados y por la recogida de la correspondiente documentación, encargando a unos pocos de sus más fieles reunir cientos de miles de sumarios. A partir de estos expedientes se desencadenarán las pugnas más ciegas y despiadadas de la historia soviética. Sin embargo, Stalin quiere evitar el riesgo de romper el delicado y complicadísimo equilibrio acusando a los personajes más carismáticos, porque teme la influencia de éstos sobre las masas. Con Kírov consigue el objetivo, obteniendo un doble resultado: la eliminación de un adversario temible y el *casus belli* para aumentar aún más la represión.

El 1 de diciembre de 1934, el joven militante comunista Leonid Nikoláiev cruza la puerta del palacio Smolny de Leningrado y, sin que ningún guardia del rígido servicio de seguridad le impida el paso, llega al despacho de Kírov y descarga contra él su Nagant de ordenanza.

Anteriormente, Nikoláiev había sido detenido y arrestado al menos dos veces por la escolta personal de Kírov. En ambos casos, inexplicables «órdenes superiores» habían impuesto su liberación. Borísov, responsable de la protección del dirigente comunista, denuncia el hecho a la comisión de investigación. Pero el día fijado para su declaración, Borísov es capturado por una furgoneta donde se encontrará rodeado por un grupo de militares que, en lugar de fusiles, empuñan barras de hierro. Unos cien metros más adelante, el camión pierde la dirección y acaba contra una pared. Ha sido una colisión sin importancia, no hay heridos, pero Borísov muere repentinamente con el cráneo destrozado, «a causa del choque».

Cuando Nikoláiev es conducido ante la misma comisión para declarar los motivos que lo han llevado a asesinar a Kírov, dirige de pronto la mirada a los funcionarios presentes de la GPU, y grita: «¡Ellos han sido los que me han obligado! ¡Pregúntenles a ellos el porqué!»

Inmediatamente, los hombres a los que está señalando se arrojan sobre él y lo golpean con las culatas de las pistolas hasta fracturarle el cráneo. Desde ese día Nikoláiev desaparece en la nada. Es probable que muriera en la celda sin recobrar el conocimiento.

A las pocas horas de la muerte de Kírov, Stalin escribe en nombre del Comité central la carta tristemente famosa sobre las lecciones que hay que sacar del abominable asesinato del compañero Kírov.

Hay que acabar con la ingenuidad oportunista derivada de la errónea suposición de que, en la medida en que aumentan nuestras fuerzas, el enemigo se vuelve cada vez más manso e inocuo. Tal suposición es totalmente equivocada. Es un último coletazo del desviacionismo de derecha, el cual aseguraba a todos y por doquier que los enemigos se deslizarían sin conmociones hacia el socialismo.

Hay que recordar que cuanto más desesperada se vuelva la situación de los enemigos, más recurrirán ellos a los medios extremos, como los únicos posibles para gente destinada a morir en la lucha contra el poder soviético. Hay que recordar esto, y estar constantemente en guardia...

Una gran multitud se reúne para rendir el último homenaje a Kírov. Tina es sólo un punto oscuro en el magma de cuerpos desde el que se elevan potentes ovaciones a Stalin, exhortándolo a no tener piedad con los enemigos. Y se ensalza a la GPU, «espada flameante del poder soviético».

El doble fin de eliminar al oponente y conseguir la conformidad para la represión, está totalmente conseguido. «El recrudecimiento de la lucha de clases dentro del socialismo» ya no tiene frenos, y tampoco límites geográficos.

Hay que estar constantemente en guardia....

Luigi Calligaris es un comunista triestino que comenzó la lucha junto a Vidali. Arrestado en 1926 por actividades antifascistas, más tarde es confinado en Favignana, luego en Ustica y después en Ponza. Consigue expatriarse, se refugia en Francia, y desde allí va a la Unión Soviética. Después de haber trabajado en un taller en Járkov, solicita varias veces el permiso de regresar a Italia para luchar contra el fascismo, pero al denegárselo el Komintern por enésima vez, se traslada a Moscú, donde encuentra trabajo en la fábrica de cojinetes esféricos Kaganóvich. En ella se distingue tanto por su trabajo, que la dirección de la empresa le elogia y le premia. Pero sus simpatías por Bordiga serán fatales para él.

Con otros tres bordigistas da vida a un grupo de oposición en el seno del Club de los emigrados, confiando a Vidali sus opiniones negativas sobre Stalin. Y será su compatriota y compañero de una época el que acuse públicamente a Calligaris por desviacionismo de izquierda. Después del asesinato de Kírov, también él es detenido y enviado a un campo de concentración en la región de Arkángel, donde enfermará de tuberculosis. En 1936 desaparece todo rastro de él.

Mientras reside en Moscú, Tina se vuelve a sumergir en el trabajo de siempre. Sus únicos contactos con los ambientes artísticos y «culturales» se deben a las continuas peticiones contra la *represión imperialista* que ella se encarga de hacer firmar. En los primeros tiempos ha vuelto a ver a Serguéi Eisenstein, que trabaja febrilmente en el interminable montaje de *Que viva México*. A él se dirige Jay Leyda, el historiador de cine estadounidense, para localizar a Tina cuando viaja a Moscú en 1933. Le entregará un paquete de fotos que Alma Reed ha conservado para ella, junto al libro sobre los murales de Orozco. La impresión que Leyda saca de ella es la de una mujer decidida, con muy poco tiempo disponible a causa de la enorme cantidad de trabajo que tiene que sacar adelante y aparentemente satisfecha de la seguridad que por fin ha conseguido.

También Lotte Jacobi llega a Moscú y va a visitarla a la habitación del Soyúsnaia. Y le pregunta cómo puede no sentir ya la necesidad de hacer fotografías, sobre todo considerando que en todos los lugares del mundo hay revistas dispuestas a comprar imágenes de la Unión Soviética. Tina responde secamente: «No puedo utilizar la cámara cuando aún queda tanto trabajo por hacer.»

Y también frecuenta de vez en cuando a Máximo Gorki, al que cada vez le entusiasma menos firmar proclamas y llamamientos. La tétrica capa gris que oprime a los moscovitas llega también a los ambientes intelectuales. Escritores y poetas se arriesgan a la deportación del mismo modo, o tal vez más, que los políticos profesionales: de ellos, el aparato exige imágenes elogiosas que sirvan de estímulo al público. Cualquier duda es considerada como derrotismo...

Leopold Averbach es secretario general de la Asociación de Escritores Proletarios. Joven arribista especialmente dotado para la carrera burocrática,

Averbach es el guardián de la ética bolchevique de los poetas y los novelistas. Pero, después de la publicación de *Literatura y revolución* de Víktor Serge en una editorial parisina, se le destituye y se disuelve su asociación, pues se le acusa de ineficacia por no haber neutralizado a tiempo la peligrosidad del autor. Al ser sobrino de Yagoda consigue salvarse haciendo pública una grotesca condena de su «propia política cultural». Al caer su protector, también él será fusilado en 1937.

Serguéi Esenin, considerado el mejor poeta lírico de Rusia, se encierra en su habitación del hotel y se corta las venas de una de las muñecas. Con la sangre escribe sus últimos versos: «...Morir no es nuevo en esta vida, pero ya tampoco es nuevo vivir.» Después se ahorca con el cinturón en las cañerías del termosifón. Había abrazado con entusiasmo la Revolución, la había vivido con el temperamento pasional que lo hacía aún más vulnerable a las desilusiones, se había alejado brevemente de ella para seguir a Isadora Duncan en sus continuos viajes a través de Europa, y se había casado con ella con la misma precipitación con que vivía cualquier experiencia. Al regresar en 1922, no había conseguido encontrar ninguna afinidad con la nueva realidad soviética. Impaciente y aislado, escribía: «¡Ahí tenéis el implacable rigor que resume todo el sufrimiento de los hombres! Del mismo modo que la hoz corta las fuertes espigas, se corta el cuello a los cisnes... He sido cruel, he sido feroz, pero sólo para quemarme con mayor ardor... Y hoy soy extranjero en mi tierra.»

Poco más tarde se quita la vida el novelista Andréi Sóbol, cuyo expresionismo no gustaba al partido. Deportado a Siberia por el Zar, huido al exilio y vuelto para combatir en el Cáucaso contra el Ejército blanco, en los últimos años había sido censurado y marginado.

Se pega un tiro Maiakovski, pero también Evguenia Bogdánovna Bos al día siguiente de las depuraciones en la universidad. Se mata Lytvínov, se mata Glazman, se matan juntos el joven Víktor Dmítriev y su mujer, y la lista se hace tan extensa que la Comisión Central de Control se reúne en sesión extraordinaria. Las inteligencias más vivas, los corazones más sensibles y los cerebros innovadores de la Unión Soviética, mueren entre las cuatro paredes de un hotel y junto a escritorios repletos de papeles estériles, destrozados por las mismas pistolas que habían disparado en las calles sobre los oficiales zaristas y sobre los guardias blancos.

A quien no se quita de en medio y saca fuerzas para gritar el vacío y la asfixia, le persiguen implacablemente. A veces de una forma sutil y sinuosa, tratando de mantenerle aislado e impidiéndole publicar; la mayoría de las veces de una forma brutal, como en el caso de Pilniak, el escritor que lleva a sus extremos la técnica antinarrativa formalista y que desaparece en la nada; sólo después de muchos años se sabrá que ha muerto en un campo de concentración. La misma suerte corre Ivánov Razúmnik, a quien sólo se le permitía escribir sobre temas de erudición literaria, por ser la suya una «creatividad propensa al derrotismo».

Una múltiple censura deforma y esteriliza los libros. El director de las ediciones consulta a la Oficina de las letras, que revisa los manuscritos y las pruebas. Pasado el primer filtro, la crítica oficial emite la sentencia: digno de ser adquirido por parte de las bibliotecas, simple tolerancia, o retirada de la circulación. Después de largos años de investigaciones llevadas a cabo por los más conocidos intelectuales de Leningrado, se ordena destruir toda la edición del *Diccionario enciclopédico*, porque algunas voces resultan «tendenciosas». Se reduce al silencio a Artiom Vesioli, porque titula su novela *Rusia ensangrentada*; se aplasta a Zamiatin, que ya perseguido por la policía zarista en 1914 por la novela subversiva *Al final del mundo*, ahora es culpable de haber publicado el satírico *Nosotros*, precursor de Huxley y Orwell. Zamiatin consigue salvarse gracias a la intervención de Gorki, pero le obligan a exiliarse.

La persecución individual no es suficiente, es necesario que después de cada una se realice además el rito de la abjuración colectiva. Así, por turno, los sobrevivientes condenan públicamente al colega traidor. Cuando la prensa denuncia a Zamiatin y a Pilniak como contrarrevolucionarios, los escritores de la Asociación subscriben sin vacilar cualquier tipo de condena que se les aconseje, para correr después a pedir perdón en privado. Lo ha hecho Pasternak, lo ha hecho Alexéi Tolstói, y Fedin, Ivánov, Gorki... Max Eastman acuña la glacial expresión de «Escritores de uniforme». Pero también hay intentos de protesta colectiva, como cuando en 1929 se firma en Leningrado un duro comunicado contra las difamaciones y las amenazas administrativas. No obtiene ninguna respuesta y, con el paso de los años todas las cabezas de los firmantes caerán una tras otra.

Gorki no se expone, pero dentro de los salones en los que se bebe alcohol declara: «En otros tiempos el escritor ruso sólo tenía que temer al policía y al arzobispo. El funcionario comunista de hoy resume tanto al uno como al otro: siempre quiere meterte sus sucias patas en el alma.»

La sección cultural del Comité central llega incluso a establecer el argumento de dramas y comedias para cada situación. Quien se somete a las directrices y consigue dar con la corriente y el protector del momento, tiene el éxito económico asegurado. Afinoguénov se hace riquísimo en poco tiempo con *Los aristócratas*, que se representa incluso en los teatros más perdidos de la Eurasia soviética y es traducido por las Ediciones Internacionales a varios idiomas: habla de técnicos saboteadores, de popes, bandidos, carteristas y prostitutas, todos regenerados por los sanos trabajos forzosos en los campos de los bosques del Norte, y que al final pasean alegremente, con ropas nuevas, en un ambiente idílico, felices de su arrepentimiento...

Mientras tanto, jóvenes poetas con talento como Pável Vasíliev acaban en los sótanos de la GPU apenas comienzan a declamar sus versos en algún domicilio privado. El escritor Víktor Serge cuenta desde el exilio:

> Lo que no sabría expresar con palabras es la atmósfera de estupidez humillante de ciertas reuniones de escritores reducidos a la obediencia activa. Escuchábamos un día, en una salita oscura de casa Herzen, un informe de Averbach sobre el espíritu proletario koljoziano. Lunacharski, inmóvil en su desolado aburrimiento, me mandaba de vez en cuando unos billetitos irónicos, pero no decía nada más que algunas palabras oficiales, quizá en términos más inteligentes que el informante. Entre nosotros dos se había sentado Ernst Toller, que acababa de salir de una prisión bávara. Le traducían palabra por palabra el sorprendente discurso, y sus grandes ojos negros, su rostro que expresaba fuerza y al mismo tiempo dulzura tenían una expresión de confuso estupor. En sus prisiones de poeta rebelde, seguramente se había imaginado la literatura de los soviets de un modo muy distinto... Y recuerdo una sesión de nuestro sindicato de escritores de Leningrado, en la cual unos jóvenes literatos, por otra parte casi iletrados, propusieron formar equipos de rastreadores para ir a retirar de los libreros de ocasión aquellas obras de historia que el «Jefe» acababa de criticar. La sala permanecía en un embarazoso silencio...

Capítulo 22

Tina se reúne con Vidali en Bélgica, donde ambos se dedican a restablecer una serie de contactos viajando a Brujas, Gantes, Ostende y Amberes. Más tarde, él recibe instrucciones de regresar a Moscú y Tina es enviada a París. Según las apreciaciones del partido francés, su actividad en el Socorro rojo aún no ha sido descubierta por los servicios de seguridad. Se queda allí cinco meses, durante los cuales coordina la red de apoyo internacional a los refugiados y prisioneros políticos.

Al regresar a la Unión Soviética, el trabajo de propaganda interna la vuelve a absorber por entero. Pero cada vez le resulta más difícil hablar en las fábricas y talleres sobre las conquistas del movimiento obrero. Esos rostros que escuchan aquellos informes a menudo incomprensibles y extendidos por funcionarios lejanos, parecen ensombrecerse cada día más. La mayoría de la gente se refugia en una pasividad inerte, única defensa contra la espiral de locura que produce «confesiones» de traición en serie y fusilamientos en un ritmo ininterrumpido. Uno después de otro, los hombres a los que habían respetado como padres de la Revolución, a los que admiraban por la abnegación y el sacrificio con que habían edificado la enorme unión de los sóviets, desfilan por las salas de los tribunales admitiendo merecer cualquier condena. La imposibilidad de comprender genera apatía y rechazo, y la desconfianza se insinúa incluso en las relaciones más íntimas. No es sólo el vecino de casa el que representa un delator en potencia: también el amigo y el compañero de tantas batallas, incluso la persona con quien se comparte la vida, puede haber sido encargada de extender un informe semanal, donde se anotan las frases, los desahogos de un determinado momento, la maldición que se escapa por una enésima vejación o por la creciente penuria de alimentos.

Tina se desliza lentamente en una crisis sin esperanzas, que se manifiesta en el mutismo y la melancolía de todos sus comportamientos. La única forma de salir de ese ambiente agónico es intentar obtener una nueva misión en el extranjero. En ella se abre camino incluso la idea de volver a entrar clandestinamente en Italia, pero no se atreve a hablar de ello abiertamente: Moscú nunca ha concedido permisos a los italianos que querían volver a combatir contra el fascismo, para evitar las posibles acusaciones de ingerencia en los asuntos internos de otro país. Todos los que lo han pedido han acabado automáticamente en la lista de los sospechosos. La ocasión se le presenta pocos meses después, cuando a Vittorio Vidali le asignan una misión en España.

En octubre de 1934 se había desencadenado una gran insurrección obrera en Asturias, dirigida por los anarquistas, que había concluido con el abatimiento del poder local y el comienzo de la autogestión. Pero el Gobierno central, después de haber reorganizado al Ejército, lanzaba un fuerte contraataque que se resolvería en una batalla de veinte días de duración, con miles de caídos y más de treinta mil detenidos. La despiadada represión y las ejecuciones sumarias no bastan sin embargo para contener el empuje revolucionario ya incontrolable. El Gobierno trata de frenarlo presentando la dimisión para anunciar nuevas elecciones en febrero de 1936. Desde Moscú se ve con creciente aprensión el fenómeno español. Anarquistas y trotskistas representan la enorme mayoría del movimiento popular, y el Komintern decide intervenir sin ninguna vacilación. Los mejores agentes y funcionarios son enviados a Madrid, Barcelona, Valencia, Zaragoza.

Vidali ha vuelto hace pocas semanas a Moscú cuando le comunican el traslado a España. Tina le confía sus temores por la sutil vigilancia a la que es sometida desde hace algún tiempo. Parece que circulan confusos «rumores oídos en el extranjero» sobre una presunta simpatía suya hacia el trotskismo, por lo cual todas sus actividades laborales y privadas están siendo controladas exhaustivamente. La idea que se había hecho de la Unión Soviética en los primeros meses, se ha deshecho ahora a causa del clima sofocante que envuelve también su vida de oscura funcionaria. España representa una oportunidad para alejarse de Moscú, y Tina presenta enseguida la petición de poder seguir a Vidali. En noviembre de 1935, el Komintern le comunica la decisión: estará durante algunos días en París y después viajará a Madrid.

Segura de que no volverá nunca más a la Unión Soviética, Tina se despide de los pocos amigos que le han quedado. Pasa con Vidali la última noche en Moscú en casa de la familia Kornaciuk.

Iván Kornaciuk ha participado en la Revolución de Octubre como efectivo de la Guardia, entrando después en el Ejército rojo para continuar la guerra contra los Ejércitos blancos. Después de la derrota de las últimas divisiones cosacas, Iván se dedica a los *besprisorniki*, los numerosos niños vagabundos que la guerra civil ha dejado huérfanos y abandonados en medio de la calle. Iván tiene treinta y ocho años, es alto, delgado y un poco encorvado, y posee una suave mirada detrás de sus minúsculas gafas. Está casado con Hava, una mujer muy bella pero prematuramente envejecida que trabaja como profesora. Tina les visita a menudo, a pesar de que su casa ahora permanece siempre vigilada por la policía. Militantes de la oposición de izquierdas en 1927, los Kornaciuk han sido expulsados del partido y después readmitidos tras una severa autocrítica, pero ahora su lealtad se pone en duda por el nuevo «recrudecimiento de la lucha de clases». Esa noche, los dos consiguen mantener una atmósfera de afectuosa alegría delante de Tina, pero una sensación de tristeza flota por encima de todos sus intentos por olvidar la realidad exterior y dedicarse a la amiga que se dispone a dejarles. La presencia de Vidali no contribuye a serenar el clima de angustia que se advierte en la casa: saben que él está inexorablemente al otro lado del abismo, pero no manifiestan ninguna desconfianza ante él, acogiéndolo sólo como el compañero de Tina. La madre de Hava, sin embargo, no consigue ocultar lo que siente, y se despide de ella con un abrazo desesperado y una mirada de terror.

Durante la cena hablan de la insurrección de octubre, pasando después a las recientes evoluciones políticas en Europa, a la situación en Francia, al drama alemán, al aislamiento de los antifascistas en Italia, pero no se pronuncia una sola palabra acerca de la Unión Soviética.

Antes de despedirse para siempre, Iván encuentra una excusa para llevar a Tina a una habitación y le cuenta que están constantemente vigilados desde hace al menos ocho años. Abandonada la forzada actitud de cordialidad, el hombre expresa toda su amargura y resignación por su fin inminente. Si bien le han permitido trabajar y sobrevivir decorosamente en esos últimos años, el recomienzo de las depuraciones después del asesinato de Kírov le ha afectado también a él, sin ninguna posibilidad de salvación: entre los numerosos procesos y consiguientes fusilamientos, Iván ha sido varias veces interrogado y al final expulsado con su compañera. Inmediatamente después, los dos han perdido el trabajo. Ahora sólo espera que le detengan de un momento a otro. Pero ya no teme por su vida, ahora su tono es el de quien ha aceptado una suerte inevitable y no tiene fuerzas para reaccionar ni motivaciones para resistir. En cambio, está aterrorizado por todo lo que les sucederá a sus hijos. Después del arresto de los padres, la regla prevé que sean «degradados» ante todos los escolares: se les quita el pañuelo rojo de pioneros y el carnet del *komsomol*, porque se les considera indignos en cuanto hijos de «enemigos del pueblo». Después de haberse ocupado durante años de los *besprisorniki*, Iván Kornaciuk no puede ni siquiera imaginar que el destino hará que sus hijos acaben en un centro de recogida de niños abandonados...

Al volver al hotel con Vidali, Tina no abre la boca durante todo el trayecto. En la puerta se detiene a echar una ojeada al cielo lívido y sin luna, al hielo que recubre con una pátina uniforme las calles oscuras y los esqueletos de los árboles desnudos. Después de un largo suspiro, pronuncia las escasas palabras que resumen las conclusiones sobre su vida en Moscú:

—Estoy contenta de irme de aquí.

Capítulo 23

Todavía hoy, al hablar de la guerra civil y del golpe franquista, se describe una España abandonada por las democracias europeas y ayudada sólo por la Unión Soviética, que no pudo resistir el ataque de la intervención militar de Alemania e Italia. En realidad, Stalin hizo exactamente lo contrario de lo que la mala fe de sus herederos nos haría creer después. Es cierto que interviene con cuadros militares y armamento, pero sólo para evitar una hipotética revolución en España. Dentro de su lógica es comprensible: las masas españolas se han organizado independientemente del minúsculo partido comunista, orientándose hacia ideologías y prácticas libertarias, propias de sus raíces anticlericales y antiestatales, y que tienen su origen en una realidad social totalmente distinta a la soviética. El sindicato con más adeptos es la Confederación Nacional del Trabajo anarquista, mientras que la Federación Anarquista Ibérica cuenta con otros dos millones de afiliados y controla toda Cataluña, la región que históricamente es la impulsora del país. En ella surgen las industrias más importantes y cuenta con un proletariado activo y responsabilizado en la autogestión de las fábricas textiles y mecánicas. En el campo, hace varios años que se ha demostrado la validez de las comunas agrícolas, expropiando a los latifundistas y organizando representativamente la producción y la distribución. La mayoría de los marxistas españoles tampoco se identifican con las directrices de Moscú, dando vida al Partido Obrero de Unificación Marxista, el POUM, de inspiración si no directamente trotskista, sí decididamente antiestalinista.

Ante la victoria del Frente Popular en las elecciones del 16 de febrero de 1936, las familias que detentan el poder económico y las jerarquías eclesiásticas empujan al estamento militar a la sublevación. El estallido de las hostilidades representa también la ocasión tan esperada por el Komintern para intervenir de pleno en la situación que, por encima de cualquier otra, está resquebrajando el principio de la «revolución en un solo país». Y una guerra civil es el clima más adecuado para identificar y atacar a las figuras más activas de la oposición, pues además favorece manipulaciones de todo tipo.

En el marco de los complicados y delicadísimos equilibrios internacionales, hay incluso quien sostiene que Mólotov está ya urdiendo el complot del pacto con Ribbentrop y la alianza con la Alemania nazi y que, sin prever la ayuda mutua, va a ser ratificada la neutralidad de ambos en los combates «de facto». Política que la Unión Soviética respetaría en España, si no en las apariencias, al menos en los fines y en los resultados. El férreo control sobre las Brigadas Internacionales por parte de los comisarios políticos desembocará enseguida en eliminaciones brutales y fusilamientos sumarios en las filas de los disidentes, encontrando un total apoyo en el Gobierno republicano, cuyos esfuerzos se encaminan más a desarmar a las milicias populares que a combatir contra los oficiales rebeldes. «Antes la guerra, después la revolución» será el eslogan demagógico dirigido a conquistar la base de la UGT, el sindicato de inspiración social-comunista. Pero en la práctica, Stalin suministrará aquellos pocos medios bélicos únicamente para garantizar la legitimidad de acción a sus agentes. La tarea principal es impedir que se impongan las teorías trotskistas acerca de la «revolución permanente» extendida a otros países, y consolidar la imagen de la Unión Soviética como el único punto de referencia para los partidos comunistas de todo el mundo. Y tal objetivo puede ser puesto en peligro por la revolución española, por otra parte ya iniciada y en clara oposición con Moscú.

El rango operativo de Vittorio Vidali es el de comisario político del Quinto Regimiento, la formación militar a la que se confía la tarea de gestionar desde dentro las miras estalinistas sobre el Ejército republicano. Vidali es un hombre de acción, impulsivo, valiente y «creativo» en el trabajo táctico, una figura dotada de gran carisma y atractivo innato. Impetuoso, siempre propenso a actitudes anticonformistas, es precedido por esa fama en la que la pistola y las conquistas amorosas van unidas; sin haber cumplido aún los cuarenta años, es ya una pequeña leyenda. Pero no posee la suficiente solidez política ni la suficiente anticipación estratégica para poder llevar a cabo planes sutiles sin recurrir a intervenciones clamorosas, factor que obligará a menudo a los dirigentes del Komintern a frenar su actuación. Por ello debe dar cuenta de la rígida ejecución de las órdenes a Palmiro Togliatti, el cual, consciente de las trágicas responsabilidades y de las acusaciones de las que deberá responder, llegará incluso a negar su presencia física en España. Con el paso de los años, aun admitiendo el cargo de procónsul que había desempeñado desde julio de 1937 hasta los últimos días de la República, Togliatti conseguirá borrar de la memoria histórica oficial los numerosos crímenes consumados por los agentes del Komintern en sus directas dependencias. Y los que se salvan continuarán denunciándolos inútilmente debido a su precaria situación de exiliados y al mismo tiempo de heréticos, dirigiéndose a una Europa devastada por la guerra y que vuelve a ver en Stalin la única esperanza de desgaste de la Wermacht. En cualquier caso, muchas de esas voces serán acalladas a través del preciso y minucioso trabajo de una tupida red de sicarios, tan hábiles como despiadados. Y habrá algunos casos escandalosos que demostrarán una obtusa ausencia de oportunismo político unida a una considerable dosis de paranoia vengativa, el primero de todos el asesinato de Trotski. Pero en el fondo, ¿cómo habría podido perturbar a la opinión pública mundial, inmersa en un conflicto que estaba causando millones de víctimas, el cráneo destrozado de un viejo bolchevique en el exilio?

Mucho menos clamor suscitará la desaparición de muchas figuras poco conocidas. Si en Rusia los fusilamientos se suceden a un ritmo constante y sin problemas de imagen, en los otros países la eliminación de adversarios políticos se caracteriza frecuentemente por la ocultación de las verdaderas causas, e incluso de los modos y medios empleados. Así será archivado apresuradamente un número impresionante de extraños accidentes, de desapariciones, de suicidios y de «ataques cardíacos».

Vidali llega a Madrid el 18 de julio de 1936, al día siguiente de la sublevación de los legionarios franquistas y de las tropas marroquíes. El día 18 reúne a los delegados del Socorro rojo para impartir las normas y después se traslada al cuartel de la calle Francos Rodríguez, donde organizará la formación del Quinto Regimiento.

Tina se reúne con él el 19 de julio, y es destinada al Hospital Obrero, donde se necesita urgentemente personal voluntario a causa de la fuga de los médicos fascistas y de las enfermeras religiosas. Cuando la reorganización de las crujías y de las salas de operaciones acaba de iniciarse, comienzan a afluir los primeros camiones llenos de heridos. Muy pronto, el hospital se transforma en una vorágine infernal: las vendas y las medicinas se agotan a los pocos días, las amputaciones deben realizarse sin anestesia, y muchas enfermeras voluntarias mueren envenenadas por el cianuro que una infiltrada falangista echa a la comida. Tina se encarga de vigilar las cocinas, durmiendo en una silla con la pistola apoyada en las rodillas.

Más tarde conoce al médico canadiense Norman Bethune y se ofrece a ayudarlo en el proyecto de realizar transfusiones en el campo y en la inmediata retaguardia, ya que la mayoría de los heridos mueren desangrados antes de llegar al hospital.

Tina se enrola también en el batallón femenino del Quinto, donde le enseñan a utilizar armas ligeras y a lanzar granadas. Es una norma muy extendida el adoptar un nombre de guerra, y ella elige «María», recordando la costumbre mexicana de llamar así a las niñas abandonadas y a las pequeñas vagabundas de la calle.

Pero Tina, aunque esté lejos de Moscú y de su clima persecutorio, no ha venido a España como una voluntaria cualquiera. Es una estrecha colaboradora del comisario político «Carlos Contreras», y aunque trate de mantenerse al margen de las maniobras de los agentes estalinistas, con los que está obligada a convivir en cualquier caso, obedece las órdenes en silencio, expresando su creciente malestar sólo en los raros momentos de intimidad. El Komintern considera más valiosa su experiencia de funcionaria que su actual trabajo de enfermera. De ese modo, la destinan al sector de propaganda y comienza a repartir material en la retaguardia, a intervenir en las asambleas, a apoyar sin ningún entusiasmo el heroico esfuerzo del pueblo soviético y el brillante ejemplo de sus dirigentes...

Mientras tanto, el Quinto Regimiento se transforma en el mecanismo político-militar encargado de controlar al Ejército republicano desde dentro. No obstante, el orden severísimo y la rígida disciplina sólo son una fachada: el destino del Quinto no será combatir a los falangistas, sino eliminar cualquier forma de «desviacionismo». En poco tiempo, el núcleo comunista de las milicias se amplía y llega a englobar a miles de hombres, hasta asumir las proporciones de una división estructurada en brigadas y compañías. Las armas y el apoyo logístico no faltan: los suministros enviados por Stalin sólo sirven para reforzar el prestigio y la influencia del Quinto, que acabará siendo empleado para desmantelar las comunas agrícolas y desarmar a los voluntarios no encuadrados en el Ejército. La fusión entre el Quinto y las fuerzas armadas se decide cuando el control de Moscú ya se ha extendido al Gobierno republicano, poco antes de la llegada de Togliatti.

En los primeros meses de guerra, el avance de los legionarios es obstaculizado casi enteramente por las Brigadas Internacionales y por las columnas anarquistas, mientras el Gobierno pierde unos días preciosos dudando entre distribuir o no armas entre los voluntarios. La rápida movilización de antifascistas provenientes de los más diversos países se debe también a las Olimpiadas Populares de Barcelona, que habían sido convocadas como alternativa a las que tenían lugar en la Alemania nazi, y que habían atraído a

España a miles de militantes de la izquierda internacional. En el frente de Aragón, donde acuden para
bloquear la ofensiva de los falangistas, se forman el
escuadrón inglés Tom Man, el austro-alemán Tael-
mann y la columna italiana mandada por Carlo Rosselli. Fundador del movimiento Justicia y Libertad,
Rosselli había convocado en vano una reunión en
París para pedir que se interviniera en ayuda de los li-
bertarios españoles. Pero los comunistas y los socialistas, unidos por el pacto de unidad de acción, se habían negado para no interferir en las «cuestiones
internas» de otra nación, según la línea sostenida por
el Komintern. Tres días después del ataque de
Franco, Justicia y Libertad decide combatir sin ningún apoyo, contando sólo con los anarquistas y con
grupos minoritarios de la izquierda revolucionaria.

Otros voluntarios italianos se unen a los franceses
y a los polacos en los escuadrones Gastone Sozzi,
Commune de París y Dombrovsky, concentrándose
en Irún, mientras los húngaros forman el grupo Ra-
kosi. Los estadounidenses se reúnen en la brigada Lin-
coln, los canadienses en el regimiento Mackenzie-Pa-
pinau. Pero en muchas formaciones se encuentran
mezclados hombres y mujeres de los más diversos países, hasta el punto que sólo en el batallón Dimítrov se
hablan doce idiomas. Desde los países escandinavos
han bajado a millares, pero también, aunque menos
numerosos, llegan contingentes de la India, de China,
de Sudáfrica, de Abisinia, de México, de Argelia...

El Ejército republicano retrasa el comienzo de la
contraofensiva. Antes que nada debe sofocar los focos
golpistas dentro de los principales cuarteles. Los comunistas, en cambio, sólo se dedican a tratar de infil-
trarse en los cuadros políticos y militares, y a controlar minuciosamente a los voluntarios que cruzan la
frontera: la orden es identificar a los personajes más
conocidos de la oposición estalinista.

En noviembre, los franquistas están ya a las puertas de Madrid, después de su avance desde Talavera y Maqueda y la caída de Toledo. El Gobierno se precipita a Valencia, en una huida desordenada que los habitantes de la capital no dudan en calificar como una traición. Los comunistas aprovechan el vacío de poder y nombran responsable de la defensa a un leal suyo, Antonio Mije. Pero será la población de Madrid la que repela los primeros asaltos de las falanges situándose espontáneamente alrededor de la ciudad. A los pocos días acuden las Brigadas Internacionales desde los frentes menos comprometidos. Desde Aragón baja la Columna Durruti, que toma posiciones en la zona universitaria. André Malraux forma con algunos aviones en mal estado la escuadrilla de cazas Lafayette, con la que intenta oponerse a los Stukas de la Legión Cóndor alemana y a los Savoia Marchetti de las fuerzas aéreas italianas. La aviación franquista está casi enteramente equipada con los Fiat y los Caproni, considerados en la época como unos de los aparatos más evolucionados de los ejércitos europeos.

Del clima de eufórica hermandad de los primeros días se ha pasado ahora a las divisiones y a las luchas intestinas, que pronto desembocarán en venganzas sangrientas. La primera muerte sospechosa es la de Buenaventura Durruti, el popular comandante anarquista.

Su columna es un raro ejemplo de eficiencia y autodisciplina. Equipada con su propio servicio sanitario y cocinas de campo, dispone además de una tipografía montada en camiones que publica un semanario, *Frente*, y millones de panfletos y carteles. Las noticias sobre la evolución de la guerra y los comentarios políticos se difunden a toda Europa desde su potente estación de radio, que contribuye a hacer afluir nuevos voluntarios: entre los últimos enrolados, está también la escritora francesa Simone Weil.

Para el movimiento anarquista internacional, la «columna de hierro» es ya una leyenda. El prestigio de Durruti en España no puede ser denigrado ni siquiera por los comunistas. Únicamente en la Unión Soviética, gracias a las corresponsalías de Iliá Ehrenburg, su figura es blanco de todo tipo de mentiras y mistificaciones. Cuando Zaragoza cae en manos de los falangistas y es tomada por los fanáticos Requetés de Navarra, que la transforman en un cementerio, la Columna Durruti es la única que avanza, reconquistando metro a metro Aragón hasta acampar a veinte kilómetros de la ciudad. Pero del Gobierno no llega ninguna ayuda, se prefiere perder aquel punto estratégico de vital importancia a que crezca la popularidad de los anarquistas.

Cuando también Madrid está a punto de caer, Durruti decide acudir en su defensa con cinco mil hombres de la columna. El 13 de noviembre toda la ciudad le aclama a su paso, gritando: «¡Viva Madrid sin gobierno!» Después de una semana de encarnizados combates, los legionarios y las tropas marroquíes son detenidos en la línea que va desde la plaza de la Moncloa hasta el Parque del Oeste. El 19 de noviembre, Buenaventura Durruti inspecciona el frente en un momento de tregua para asegurarse de que no haya puntos débiles en la disposición defensiva de las tropas... Y cae herido en el sector no expuesto al fuego del enemigo.

Sus funerales se transforman en una manifestación oceánica, en la que participan cientos de miles de personas y delegaciones de todas las posiciones políticas. También los comunistas le rinden homenaje, apoyando la versión oficial de una bala perdida, pero al mismo tiempo hacen correr la voz de que lo han matado algunos anarquistas rebelados contra la disciplina militar. Vidali no pierde ocasión para declarar que Durruti se ha disparado él mismo al bajarse del coche con el cañón de la ametralladora dirigido absurdamente contra su pecho, como si usara el arma como bastón de paseo. Los hombres de la columna evitan acusar abiertamente a los comunistas para evitar tumultos sangrientos justo en el momento en que el frente corre el riesgo de ceder, y afirman que un hombre de la Guardia Civil republicana ha sido el que ha disparado desde la ventana de un edificio abandonado. Algunos años más tarde, el dirigente comunista francés Auguste Lecoeur admitirá tranquilamente: «Fuimos nosotros quienes lo quitamos de en medio...»

Conviene destacar el hecho de que, en los días siguientes a su muerte, todos los personajes más conocidos del anarquismo madrileño se refugian en Cataluña, fortaleza del movimiento libertario.

Las diversas vicisitudes de la guerra civil, condenada a una lenta derrota por las masivas intervenciones exteriores, pero deteriorada sobre todo por las intrigas internas, contribuyen a que haya permanecido sin aclarar un gran número de muertes oscuras y de desapariciones inexplicables. La mayoría de los antiestalinistas asesinados por «balas perdidas» o arrastrados a las cámaras de tortura clandestinas de la GPU, figurarán en el montón de caídos sin nombre, el de los «desaparecidos en combate». Pero a través de algunas de las figuras más conocidas de la oposición de izquierda se elevará la denuncia de los combatientes que han sobrevivido, los cuales lucharán durante décadas contra el olvido del nuevo orden mundial.

Guido Picelli, después de haber organizado la resistencia armada contra los camisas negras durante las jornadas de Parma, se había refugiado en Moscú, donde obtendría el grado de capitán instructor del Ejército rojo. Hacia finales de 1936 se halla en París. Allí, el secretario del Partido Socialista Extremista Italiano le presenta a Julián Gorkin, miembro del comité ejecutivo del POUM. «No soy comunista —aclara enseguida—. He dejado la Unión Soviética porque quiero poner mi experiencia al servicio de la causa antifascista española e internacional. Pero con los comunistas no tengo nada que ver. Si puedo seros útil, me ofrezco para organizar un batallón de asalto.»

Gorkin le proporciona los medios para ir a Barcelona, dándole una cita para pocos días más tarde. En la capital catalana se encuentran en una reunión del comité ejecutivo. Picelli es destinado al frente con el grado de capitán, y deberá partir dos horas después con su ayudante José Rovira, el comandante del ala militar del POUM. Cuando está a punto de subirse al coche, cerca del Hotel Colón, sede del comité central del PSUC, un extranjero se le acerca y le invita a seguirlo para aclarar rápidamente una cuestión. Guido Picelli, que no sospecha la trampa, se deja conducir. Aproximadamente un mes después, los periódicos dan la noticia de que el «capitán italiano Guido Picelli ha caído combatiendo heroicamente en el frente de Madrid».

De las posteriores investigaciones de Julián Gorkin, emerge que el encuentro en París había tenido lugar en la oficina ocupada por la delegación del Gobierno de la Generalidad, dirigida por un ex colaborador de Andrés Nin en el Consejo de Justicia, León Dalty. Pero la GPU había conseguido colocar allí una telefonista y una secretaria: así se habían enterado de la decisión de Picelli, para después seguirlo en espera de la ocasión más favorable.

A diferencia de Hans Beimler, el ex diputado comunista alemán asesinado por la espalda y enterrado en Madrid, para Guido Picelli se organizan unos funerales grandiosos: rodeada por pelotones de soldados y policías totalmente armados, se hace desfilar a la multitud bajo la sede del POUM y del PSUC. Es una clara advertencia a los trotskistas y a aquella minoría de socialistas revolucionarios que no han secundado el pacto con los comunistas.

Al marxista inglés Friend, sospechoso de simpatizar con los trotskistas, le llevan a un barco soviético con la excusa de servirse de sus conocimientos de técnico de radio para reparar una falsa avería a bordo. Trasladado a Odessa, el 12 de abril ingresa en una prisión de la GPU. A partir de ese día se pierde todo rastro de él. El hijo del laborista Robert Smillie es asesinado en una cárcel española controlada por comisarios políticos del Komintern; mientras tanto, desaparece también Mark Rein, hijo del dirigente socialista ruso R. Abramóvich.

La principal actividad de Tina es organizar y coordinar el trabajo del Socorro rojo. Pero lo que en principio debía ser una red de solidaridad internacional con las víctimas de la represión de todas las dictaduras, se ha transformado ahora en un instrumento de control del contraespionaje estalinista. El alto oficial del Servicio de informaciones del Estado mayor del Ejército rojo, W.G. Krivitsky, escribirá un libro de memorias donde aparecen fragmentos explícitos referentes a la intervención soviética en España. Y sostiene que desde el 30 de junio de 1934, Stalin había comenzado los tratos para la alianza con Hitler, decidida en una reunión del Politburó en la que había participado el mismo Krivitsky.

En Europa hemos creado un cierto número de puntos secretos de control, donde cada aspirante voluntario debe ser sometido a una nueva y minuciosa investigación por parte de comunistas extranjeros, leales y dignos de absoluta confianza, o de secretarios y agentes de las organizaciones bajo nuestro control, como el Socorro Rojo Internacional, los Amigos de la España Republicana... o de funcionarios de algunas instituciones españolas vinculadas a nosotros. Como ha demostrado Luis de Araquistáin, ex embajador de la España republicana en Francia, el noventa por ciento de todos los puestos de importancia del Ministerio de la Guerra estaba ocupado en los últimos tiempos por hombres leales a Stalin. El control de la GPU sobre los voluntarios considerados dignos de sacrificar su vida por la que ellos creían que era la causa de la República, continúa también en España, donde los informadores viven con las tropas para descubrir posibles espías, o para eliminar a cuantos manifiesten convicciones políticas opuestas, o para vigilar las lecturas y las conversaciones de los voluntarios. En la práctica, todos los comisarios políticos de las Brigadas Internacionales, como más tarde también la mayor parte de los comisarios del Ejército republicano, son hombres del partido. A los voluntarios se les quita el pasaporte a su llegada a España, y raramente se les devuelve. También en caso de permiso, se declara que el documento se ha perdido. Los pasaportes de los caídos, después de algunas semanas de investigaciones sobre los familiares de los propietarios, se adaptan fácilmente a agentes de la GPU para nuevas misiones...

Precisamente con uno de esos pasaportes María será enviada a los Estados Unidos después de la derrota española, lo mismo que Vidali. También el sicario que Stalin enviará a México para asesinar a León Trotski utilizará un documento de un voluntario asesinado.

Sslutski, jefe de la sección de asuntos exteriores de la GPU recibió de Moscú la orden de inspeccionar a la policía secreta, organizada siguiendo el modelo de la soviética. La GPU controla ahora casi todo el territorio de la España republicana, pero concentra su acción en Cataluña, donde los grupos independientes son más fuertes y también los trotskistas manifiestan una cierta presencia. Al volver de París algunas semanas más tarde, Sslutski me dijo: «Ésos tienen un buen material allí abajo, pero les falta experiencia. No podemos permitir que España se convierta en un campo libre de acción para los elementos antisoviéticos llegados de todas las partes del mundo. A fin de cuentas, hay que considerar que, "nuestra" España ya forma parte del frente soviético. Debemos hacerla fuerte para nosotros mismos. Quién sabe cuántos espías habrá entre los voluntarios. También los anarquistas y los trotskistas, si bien haya que considerarlos a todos como militantes antifascistas, son nuestros enemigos. Por tanto, deben ser eliminados.» Y la GPU está trabajando brillantemente. En diciembre de 1936, el terror reinaba ya en Madrid, en Barcelona y en Valencia. La GPU posee sus prisiones especiales, y sus hombres realizan los asesinatos y los secuestros ordenados...

Capítulo 24

Barcelona, capital de Cataluña, es la cuna de todas las ideologías antiautoritarias de la Península Ibérica. Los milicianos anarquistas controlan toda la región, ayudados por los marxistas del POUM en la gestión social y económica de la ciudad. Para secundar el lema de los comunistas «antes la guerra, después la revolución», y para hacer frente común al avance franquista, se ha llegado al primero y único caso en la historia de cuatro anarquistas que participan en el gobierno en calidad de ministros.

La consolidación de la FAI-CNT se debe, además de a la colectivización de las fábricas y el campo, a la rápida reacción armada contra la sublevación golpista: las columnas de trabajadores armados y la misma población de Barcelona habían derrotado a tropas escogidas y mandadas por generales considerados entre los mejores del Ejército español. Pero después de casi un año de guerra, la ciudad es escenario de mutuos atentados entre comunistas y anarquistas, en una venganza «tiro por tiro» que ve a muchos dirigentes de la CNT asesinados a la puerta de su casa, por cada uno de los cuales es encontrado al poco tiempo el cadáver de un funcionario de la UGT en la calle. Las responsabilidades de la «quinta columna» franquista son limitadas, pues sólo cuentan con un exíguo número de elementos que carecen de planes y directrices concretas. Quien en realidad manipula desde la retaguardia esta guerra civil dentro de la guerra civil, es la red de agentes estalinistas. Al mismo tiempo, el Gobierno presiona para que las milicias sean desarmadas y desde Moscú no llega ni un solo fusil a Cataluña. Los suministros de armas y municiones son un privilegio exclusivo de las secciones que están bajo el control de los comisarios políticos del Komintern. Éstos, bien equipados como estaban, hubieran podido rechazar a los falangistas de Zaragoza y hacerlos retroceder hasta la costa atlántica. Pero las órdenes eran dejar que se desangrara la columna de Durruti y permanecer en Cataluña esperando la evolución de la situación. A este respecto, es esclarecedor el artículo aparecido en el *Pravda* el 17 de diciembre de 1936: «En Cataluña se ha iniciado la depuración de elementos trotskistas y anarquistas, y será llevada a cabo con la misma energía que en la Unión Soviética»...

El pretexto para comenzar la *solución final* es ideado el 3 de mayo de 1937, cuando los comunistas acusan a los anarquistas de interferir y boicotear las comunicaciones telefónicas del presidente. La central de teléfonos, como la mayoría de los servicios de Barcelona, está autogestionada por empleados y trabajadores afiliados a la FAI-CNT.

George Orwell, voluntario de las Brigadas Internacionales y simpatizante del POUM, es uno de los testigos directos. Hacia mediodía, al salir del hotel, se encuentra con un amigo que le dice: «Está sucediendo algo en la central telefónica.» En un primer momento Orwell no le hace caso; por la tarde, al atravesar las Ramblas, oye muchos disparos de fusil a lo lejos. Inmediatamente después, grupos de jóvenes anarquistas con el pañuelo rojo y negro al cuello y los fusiles empuñados, se sitúan en las esquinas de algunas calles laterales. Un médico americano que había estado en el frente con Orwell, se detiene de pronto ante él y, nerviosísimo, lo coge por un brazo. En su agitación, consigue explicar que en la plaza de Cataluña una gran cantidad de camiones llenos de guardias civiles han rodeado la central, para después asaltarla y que, a continuación, han llegado unos anarquistas armados que han contraatacado inmediatamente.

Cuando Orwell y el médico se dirigen hacia la plaza, pasa delante de ellos un camión lanzado a toda velocidad del que sobresalen fusiles y banderas anarquistas. La imagen que al escritor inglés se le queda más grabada es la de un chico harapiento y despeinado, tumbado de bruces sobre el techo cubierto de colchones y agarrado a una ametralladora. Orwell tiene la sensación de que, al menos en las primeras horas, nadie consigue entender bien qué está sucediendo. El único hecho cierto es que la Guardia Civil ha atacado a obreros anarquistas en la central de teléfonos. «En ese momento para mí la situación era bastante clara» escribirá Orwell. «Por una parte la CNT, por otra la policía. No siento ningún amor especial por el trabajador idealizado por la fantasía del burgués comunista. Pero cuando veo a un trabajador de carne y hueso luchar contra su enemigo natural, es decir, el policía, entonces no me pregunto de qué parte ponerme...»

El empleo brutal de la Guardia Civil, cuya fidelidad al antifascismo se pone en duda, sólo puede desencadenar incidentes sangrientos. Encendida la mecha, lo único que puede hacerse es atajar el incendio inminente. Los batallones de la 46.ª División, constituida casi enteramente por combatientes anarquistas, y los de la 29.ª, donde están encuadrados los del POUM, convergen sobre Barcelona para rechazar el golpe comunista. Pero los mandos militares consiguen falsear las noticias, asegurando a los respectivos comandantes que sólo se ha tratado de una simple provocación policial, por otra parte ya resuelta. Por tanto, no se debe dejar desprotegido el frente por un leve problema de orden público... Las dos divisiones detienen su macha y vuelven a primera línea. En ese momento, el Gobierno central envía cinco mil guardias de asalto, un cuerpo de milicianos de segura lealtad comunista, que desembarcan en el puerto y, tras duros combates, ocupan los puntos estratégicos de la ciudad.

Las cifras oficiales hablarán de cuatrocientos muertos y un millar de heridos. Comienza la caza de herejes. El blanco principal es el POUM, obedeciendo a la maniática aversión de Stalin hacia todo lo que huela a trotskismo. No pudiendo contar con una amplia base popular como la FAI-CNT, el Partido Obrero de Unificación Marxista es acusado de traicionar la causa republicana, y lanzan contra él todo tipo de falsedades sobre presuntos acuerdos fraudulentos con los franquistas. Dirigentes y militantes son perseguidos, arrestados, procesados.

George Orwell figura entre los primeros nombres de la lista de la GPU. Se salva fortuitamente de ser capturado evitando volver al hotel, donde lo espera su mujer, que sufre la irrupción en su habitación de policías y funcionarios estalinistas.

El estilo era el clásico de la GPU y de la Gestapo. Golpes a la puerta en medio de la noche, seis hombres que entran a paso de marcha, encienden las luces y se sitúan rápidamente en la habitación según un plan preestablecido. Rebuscan en la habitación y en el pequeño cuarto de baño con una extraordinaria meticulosidad, golpean las paredes, levantan alfombras, examinan el suelo, palpan las cortinas, buscan debajo del baño y del termosifón, vacían todos los cajones y todas las maletas, palpan las ropas y las miran a contraluz.

Después secuestran todos los papeles, incluido el contenido de la papelera, y obviamente todos los libros. Se entusiasmaron al descubrir una traducción francesa de *Mein Kampf*. Para ellos es lógico que si una persona lee ese libro tiene que ser por fuerza un fascista. Afortunadamente, un segundo después encontraron un ejemplar del opúsculo de Stalin *Cómo liquidar a los trotskistas y a otros traidores*, que les tranquilizó un poco.

Aquella noche, McNair, Cottman y yo, dormíamos en una franja de césped, junto a un gran edificio abandonado.

Después de cinco días de clandestinidad, Orwell llega a la frontera y se refugia en Francia.

Otros muchos no tendrán tiempo para huir o defenderse. El 5 de mayo, Camillo Berneri, el anarquista de Lodi que había sido uno de los organizadores de la primera columna italiana, es capturado por un grupo de hombres armados. A la mañana siguiente, su cadáver yace en una calle de Barcelona. Después de haber combatido en el frente, Berneri dirigía un periódico en italiano, *Guerra di classe*, y estaba escribiendo un libro titulado *Mussolini a la conquista de las Baleares*, en el cual pensaba demostrar el envío de ayudas soviéticas a la Italia fascista, en apoyo de la campaña de Etiopía. La colaboración entre el Komintern, Hitler y Mussolini, de la que los anarquistas estaban seguros, no debía ser divulgada apoyándose en pruebas irrefutables. Y posiblemente también por esto, Berneri es asesinado. Un amigo íntimo suyo, el triestino Umberto Tommasini, que en la guerra se ha distinguido como comando detrás de las líneas enemigas, acusa a Vittorio Vidali de este delito. En cualquier caso, la actitud de los comunistas con respecto a la eliminación de Berneri es muy poco clara. Giuseppe Di Vittorio llega a reivindicarlo en *La voce degli italiani*, haciendo vanas las afirmaciones de «mentiras anticomunistas» que Togliatti dirige a Gaetano Salvemini cuando éste acusa a los comisarios políticos comunistas del homicidio.

Los que conocieron a Tina en aquellos días, la recuerdan como una mujer extenuada, indiferente, protegida por una coraza de insensibilidad. Una mañana, se queda impasible observando un caza que desciende repetidamente a ametrallar a los civiles en las calles. De pie, inmóvil, no manifiesta la más mínima emoción ante aquel montón de carne desmembrada, ante los gritos de los niños que se agarran a los cadáveres de sus madres.

Las escasas veces que intercambia un comentario con alguien, habla de «locura colectiva», de mecanismos monstruosos que ya se han escapado de las manos, y se asombra de su propia indiferencia ante la muerte.

De Moscú llega un número cada vez mayor de «especialistas» encargados de tomar el mando del Ejército y de la policía. El Gobierno, chantajeado por las promesas de ayuda, se limita a ratificar con eufemísticas deliberaciones lo que es en realidad un traspaso efectivo del poder.

El general Líster, que forma parte del reducido círculo de amigos que Vidali y Tina frecuentan, se encarga de disolver las comunas agrícolas devolviendo las tierras a los latifundistas, y ordena a las secciones del Ejército que intervengan en las fábricas autogestionadas. También se vuelven a introducir los grados militares, el saludo obligado a los superiores y el principio de la jerarquía. Un decreto impone la extinción de la autodefensa popular, prohibiendo llevar armas a quien no lleve el uniforme gubernativo.

En junio es secuestrado Andrés Nin, fundador del POUM. Su prestigio internacional pone en serias dificultades a los republicanos, que no saben qué responder a las avalanchas de protestas que se elevan en España y en el extranjero. Jesús Hernández, ministro comunista que después denunciará en un libro los crímenes de los que también él fue cómplice, describe así la conclusión del «caso Nin»:

A Andrés Nin, que había sido amigo de Lenin, Kámenev, Zinóviev y Trotski, le asesinaron en España del mismo modo que fueron asesinados en la Unión Soviética sus compañeros de la vieja guardia bolchevique.

Orlov, dirigente de la GPU en España, mandó que lo secuestraran para arrancarle la confesión por la que debería reconocer que era un espía al servicio de Franco. Sus verdugos, expertos en el arte de despedazar a los prisioneros políticos para obtener confesiones «espontáneas», creían que el precario estado de salud de Nin les facilitaría la tarea. El suplicio de Nin comienza con el método «seco»: una persecución implacable de diez, veinte, treinta horas, durante las cuales los torturadores se turnan repitiendo siempre las mismas preguntas: «Confiesa, declara, reconoce...» Es un método científico que tiende a aniquilar la energía mental del individuo, a desmoralizarlo. Poco a poco, el cansancio físico lo puede, la falta de sueño disminuye sus facultades, y la fuerza de voluntad se desintegra. El prisionero es obligado a permanecer de pie durante horas y horas, hasta que comienza a tambalearse, destrozado por un dolor de riñones insoportable. Cuando llega a este grado de cansancio, el cuerpo se vuelve terriblemente pesado y las vértebras cervicales se niegan a sostener la cabeza. Le duele toda la espina dorsal, los pies se le hinchan, y una extenuación mortal le hace soñar con una sola cosa: poder cerrar los ojos y olvidar su propia existencia y la de todo el mundo.

Cuando resulta materialmente imposible continuar el interrogatorio, el prisionero es arrastrado a la celda. Se le deja tranquilo durante unos minutos, el tiempo suficiente para permitirle recuperar un poco el equilibrio mental y para que comience a convencerse de que el suplicio ya es insostenible. De ese modo las respuestas a aquellas preguntas obsesivas se vuelven indiferentes, hasta transformarse en confesiones.

Pero Andrés Nin resiste de una forma increíble. En él no hay ningún síntoma de declive físico o moral; ningún signo de esa dispersión mental que ha empujado a antiguos colaboradores de Lenin a la inaudita abdicación de cualquier voluntad, a la convicción que parecía trasplantada a su cerebro muerto: Stalin me mata, pero Stalin no es la revolución y tampoco el partido. Y ya que mi muerte es inevitable, haré por mi pueblo y por mi ideal un último sacrificio declarándome contrarrevolucionario y criminal, para que la patria pueda sobrevivir...

Nin, por el contrario, no cede. Sus torturadores pierden el control. Deciden abandonar el método seco, y comienzan a arrancarle la piel, a romperle los músculos, a hacer que su sufrimiento llegue al límite de la resistencia humana. A pesar de esto, Andrés Nin soporta incluso los tormentos más «refinados». Al cabo de algunos días su rostro se ha convertido en una masa informe de carne tumefacta. Orlov parece frenético, enloquecido por el temor al escándalo, exasperado ante este hombre ya agonizante que, sin embargo, se niega a denunciar a sus compañeros.

La vida se está apagando en él. Toda la España leal y el mundo entero están conmocionados por la campaña para su liberación; se exige la verdad, se pregunta a voces dónde está y quién lo ha hecho prisionero. Pero soltarlo vivo significaría un doble escándalo: la demostración de las horribles torturas infligidas y la denuncia de la actuación de Stalin en España. Se decide suprimirlo. Y se discute acerca del método a seguir. ¿Enterrarlo? ¿Quemarlo? Pero la responsabilidad de su secuestro ya ha recaído sobre la GPU, y es necesario pensar un método para liberar a los comunistas del peso de esta desaparición y al mismo tiempo demostrar que Nin era culpable de colaborar con el enemigo.

La solución es ideada por el más demoníaco de los colaboradores de Orlov, el comandante Carlos, Vittorio Vidali como se llamaba en Italia o Carlos J. Contreras, el nombre que ha utilizado en México y ahora en España. Su plan es el siguiente: simular un secuestro por parte de falsos agentes de la Gestapo disfrazados de voluntarios de las Brigadas Internacionales, que asaltarán la prisión de Alcalá y harán desaparecer definitivamente a Nin. Después se hará correr la voz de que ha sido «liberado» por los nazis, como otra prueba de sus contactos con el fascismo nacional e internacional. En cuanto al cuerpo, Vidali propone arrojarlo simplemente al mar después de haberlo lastrado. A Orlov el truco le parece un poco grosero, pero no hay otra salida.

De ese modo, los dos hombres que vigilan al detenido en la penitenciaría de Alcalá de Henares son encontrados atados y amordazados. Se trata de dos comunistas oportunamente afiliados al partido socialista, que declaran haber sido atacados por un grupo de al menos diez milicianos de las

Brigadas Internacionales. Éstos han abierto la celda al prisionero y se lo han llevado en un coche. Para dar más verosimilitud a la siniestra actuación, han «olvidado» la bolsa de Nin llena de documentos con sellos y membretes que demuestran su relación con los servicios de espionaje alemanes.

Al día siguiente de la muerte de Andrés Nin, la compañera X me informó de que había transmitido a Moscú el siguiente mensaje: «Asunto A.N. solucionado con el procedimiento A.» Según el código de la delegación soviética, el procedimiento A indica la eliminación. Si Nin no hubiera sido eliminado, la delegación, compuesta por Togliatti, Codovilla, Stepánov y Gheroe, habría transmitido un mensaje cualquiera sin hablar de *asunto solucionado*.

El 25 de junio, el órgano del Partido Comunista Español, *Mundo Obrero*, publica un artículo titulado «La fuga del bandido Nin», donde se sostiene que los falangistas son los autores del asalto a la prisión de Alcalá, y que Andrés Nin posiblemente se encuentre ya en Burgos bajo la protección de Franco...

Capítulo 25

En la primavera de 1937 Tina se traslada a Valencia. Acaba de recibir la noticia de la muerte de su madre, que en 1930 había dejado los Estados Unidos para volver a Italia con Mercedes y establecerse en Trieste, donde vivía su hija Valentina. Quien la escribe es Mercedes, a través de una dirección de París. De hecho, un militante del Socorro rojo se encarga de hacerle llegar la correspondencia. Una buena parte de esas cartas son interceptadas por la OVRA, y las copias permanecerán en los archivos de la comisaría de Trieste. Entre ellas está la respuesta de Tina a Mercedes.

La carta en la que me hablas de la muerte de nuestra querida madre no me ha llegado hasta hace una semana. Las anteriores, donde me imagino que me hablabas de su enfermedad, no las he recibido. Te agradezco la forma tan delicada en que me has dado la noticia, lo cual me ha ayudado a soportar el dolor. Pero no he conseguido escribirte enseguida. Mi único deseo en estos días era estar cerca de mis hermanas y hermanos, porque vuestra proximidad, la tuya sobre todo, me habría hecho menos tremendo el sufrimiento y habría llenado un poco el enorme y terrible vacío que siento... Debo hacer un esfuerzo para contener las lágrimas mientras te escribo. Debo ser fuerte. Sé que, si las circunstancias hubieran sido distintas, habría podido volver a ver a mi madre en estos diez años. Es un pensamiento que me provoca una profunda rabia contra todo lo que me ha impedido hacerlo...

En Valencia, Tina participa en el 2.º Congreso Internacional para la Defensa de la Cultura contra el fascismo, donde conoce a Ernest Hemingway y a André Malraux. Vuelve a ver a Pablo Neruda, a Juan de la Cabada y a David Alfaro Siqueiros, que después de haber desempeñado el cargo de agregado militar en la Embajada de México en París, ha venido a España para enrolarse en la 11.ª División de Líster. Pero, al igual que los otros comisarios políticos, Siqueiros no combate contra los franquistas en el frente: sin duda, su experiencia bélica se considera secundaria respecto a la de dirigente de partido. La instalación del Gobierno republicano en Valencia obliga a concentrar a los hombres más fieles del Komintern. Para Moscú la suerte de la guerra ya está echada.

Desde la ventana de la habitación de Tina, situada en un último piso, se divisa la desembocadura del Guadalaviar, y entre la maraña de vergas y grúas se descubren minúsculas islas grises, montones de sacos de arena que desde lejos parecen termiteras absurdamente surgidas entre las instalaciones del puerto. Son las baterías antiaéreas, cañones y ametralladoras que cada noche ladran impotentes hacia el cielo, intentando rechazar las nubes de bombarderos que despegan sin cesar desde las Baleares. Después de Madrid, también para Valencia ha comenzado la larga agonía. Tina corre la cortina, se vuelve a sentar a la mesa y comienza de nuevo a hojear viejos ejemplares del *Pravda* llegados el día anterior en un mercante soviético.

El ruido de pasos en el pasillo la distrae unos segundos. Reconoce la voz de Vidali cuando éste maldice porque la cerradura no corre. La puerta se abre, y los dos se cruzan una mirada sin saludarse. Vidali arroja un paquete encima de la cama, un poco de pan y algunas latas de carne y de sardinas. Se acerca a ella y le pone delante una botella de vino, esperando una reacción, al menos una vaga sonrisa de sorpresa. Pero ella se limita a echarle una ojeada, asiente y vuelve a su lectura.

Él se alza de hombros, murmura algo entre dientes, y se quita la pesada chaqueta de cuero, se desabrocha el correaje con la cartuchera, se saca los dos cargadores del cinturón y los apoya en la mesilla. Después saca la gran Astra automática y con gestos rápidos la desarma, saca la bala del cañón y comienza a desmontarla y a limpiarla. Mirando el interior del cañón a contraluz, dice en un tono falto de interés:

—Aquel tipo de ayer por la noche... Sí, el fotógrafo americano...

Deja la frase en suspenso, concentrado en echar unas gotas de aceite en el trocito de tela que ha metido en la embocadura. Tina, sin alzar la cabeza, murmura:

—¿Robert Capa?

—Sí, él —responde Vidali empujando la escobilla hacia delante y hacia atrás—. Vi que insistía mucho... ¿Cuál sería su problema?

—Si tiene problemas a mí no me interesan —responde Tina—. Sólo quería saber por qué en medio de este lío no he vuelto a coger la cámara de fotos.

Vidali deja escapar una risita sarcástica y, mientras tanto, saca una tras otra todas las balas, comprobando con el dedo pulgar el resorte del cargador.

—Claro... alguien como él ha encontrado aquí todo lo que buscaba. Una buena guerra con un montón de cadáveres para inmortalizar. Me imagino que sacará un buen montón de dinero.

Tina se vuelve a mirarlo. Suspira y dice:

—No conoces a Robert Capa.

—Tampoco me interesa —rebate Vidali poniéndose de pie. Va a buscar en un cajón; encuentra un sacacorchos y descorcha la botella de vino tinto.

—Son todos iguales —continúa—. Burgueses aburridos que encuentran una forma de ganar dinero a costa de la muerte de nuestra gente, ¡y que vienen hasta aquí para encontrar un puñado de emociones baratas! Hemingway... Dos Passos... Malraux... de cada masacre vista en directo, harán una bonita novelita de la que venderán un millón de ejemplares.

Llena dos vasos; vacía uno de una sola vez, y después le tiende el otro. Se inclina para obligarla a mirarle a la cara.

—Ya... me olvidaba que siempre has sido muy sensible a la fascinación de la *cultura*...

Tina se le queda mirando fijamente con una expresión de desafío.

—Vittorio, produce un efecto extraño oírte precisamente a ti hablar de la «gente que muere».

Él se pone tenso y la escruta, esperando a que continúe. Ella coge un periódico de la mesa y le enseña la primera página. Vidali echa una ojeada a los titulares, después hace un gesto interrogativo.

—Está bien, te leeré lo demás —exclama Tina—: «¡Todo el pueblo tiembla de indignación! y yo, representante del Ministerio Fiscal, uno mi voz indignada a las voces enfurecidas de millones de hombres. ¡Yo pido que estos perros rabiosos, que estos despreciables pigmeos y payasos, que estos perros enanos que barritan como elefantes, que estas desagradables criaturas sean inmediatamente fusiladas!»

Vidali se sirve otro vino. Hace una mueca de asombro y comenta riendo:

—Grandes y bonitas palabras, sí señor...

—Son del fiscal Vyshinski, y las conoces mejor que yo... puesto que Vyshinski es uno de los hombres que más admiras últimamente.

—No; no lo admiro. Hace un trabajo que no me gusta. Pero en este momento son necesarios los hombres como él.

Tina deja escapar una risa amarga, y añade:

—En cualquier caso, en una época admirabas seguramente a los que está fusilando uno tras otro. ¿O ya te has olvidado?

Vidali se encoge de hombros y vuelve a sentarse en la cama. Vuelve a armar cuidadosamente la pistola, hace correr varias veces el cargador, maldice contra la herrumbre que ha atascado el punto de mira, murmurando para sí:

—Ni siquiera como plancha la querría... era mejor la Nagant que tenía en Moscú. Tres disparos menos, pero seguros...

—En el caso de que la necesites urgentemente, usa la mía —dice Tina con un deje irónico en la voz, y le señala la otra mesilla.

Vidali finge no haberla oído y, mirando a su alrededor, dice:

—He visto hoteles asquerosos, pero éste merecería una cita especial.

Tina cierra el periódico y lo vuelve a poner encima del montón que hay junto a la mesa. Después lo mira con una sonrisa extraña.

—¿Y dónde querrías citarlo? ¿En tus memorias?

—¿Por qué no? Tengo muchas cosas que contar, tal vez demasiadas... pero todavía es pronto. Tengo un montón de capítulos que acabar, y otros tantos que comenzar.

Se levanta bostezando, se estira y se queda durante unos segundos mirando por la ventana que tiene enfrente de él. Su expresión cambia lentamente, como si un pensamiento hiciera desaparecer la forzada alegría de hace algunos segundos.

—Tina...

Ella se vuelve rápidamente, advirtiendo por el tono con que ha pronunciado su nombre que está a punto de decirle algo muy serio.

—Esa especie de poeta mexicano... Octavio Paz, ese barbilampiño que va por ahí con su mujer diciendo un montón de tonterías en público...

—No es una *especie* de poeta. *No pasarán* la ha escrito él, y circula ya por medio mundo —dice Tina secamente.

—Sí; qué pena que tenga las ideas un poco confusas acerca de lo que está sucediendo aquí.

—No querrás...

—Yo no quiero hacer absolutamente nada. Eres tú quien deberías hablar con él. Es más, puesto que en México conociste a su mujer, será mejor que hables antes con ella. Debes explicarle que la situación es mucho más complicada de como la ven ellos. Y que harían bien si dejaran de tratarse con gente peligrosa...

Pocos días después, Tina se encuentra con Elena Garro en la sede del Socorro rojo de Valencia. La mujer de Octavio Paz parece alarmada, escruta el rostro de Tina buscando una explicación, pero no se atreve a preguntar el porqué de esa siniestra citación. Un hombre se ha acercado a ella en un café, identificándose como agente de los servicios de información, y le ha dicho que lo acompañara hasta aquella oficina, donde una amiga *mexicana* quería hablarle.

Tina la saluda con una cordialidad formal y la invita a sentarse. Le pregunta si se acuerda de ella; habla con cierta pena de México y de las personas que ambas conocen; se esfuerza para que el encuentro parezca una simple charla entre dos mujeres que hace mucho tiempo que no se ven. Pero Elena cada vez está más inquieta. Ha conocido a Tina casualmente, no se han tratado nunca, y la confianza que muestra con ella es excesiva. Parece querer ganar tiempo para no afrontar enseguida el verdadero motivo por el que ha mandado que la lleven hasta allí. En una pausa de silencio inquietante, Elena encuentra el valor de preguntárselo sin rodeos:

—¿Por qué has mandado a ese policía, y no has venido a saludarme si sabías perfectamente dónde nos encontrarías a Octavio y a mí?

Tina alza la vista y frunce los labios buscando una respuesta. Después, emitiendo un largo suspiro, dice en voz baja:

—No era un policía. Es un compañero que trabaja conmigo. Y no he ido a aquel local porque el *problema* del que quería hablarte se refiere precisamente a eso.

Elena frunce el ceño, sonríe instintivamente sin creer en lo que acaba de oír.

—Sí, Elena, me refiero a la gente que véis allí, y que vosotros probablemente consideráis tan compañeros como los otros. Tú y Octavio os estáis tratando con personajes ambiguos, y sin saberlo referís detalles sobre nuestra lucha común a individuos que se han revelado como traidores.

Elena se pone pálida. Mueve los labios para rebatir, pero al final sólo consigue sonreír moviendo la cabeza y haciendo un gesto con la mano, como queriendo rechazar una idea absurda.

—Traidores... —murmura con un temblor en los labios—, traidores como Andrés Nin, ¿verdad?

Tina aparta la mirada, se enciende un cigarrillo y, nada más hacerlo, se acuerda de ofrecerle uno a Elena, que lo rechaza y añade:

—¿Dónde ha acabado Andrés Nin?

Tina adopta una expresión vaga y murmura distraídamente:

—Según dicen, se lo han llevado agentes nazis disfrazados de milicianos...

—Por favor, no me repitas lo que dicen los periódicos del partido. Ni siquiera tú tendrías el valor de afirmar que Nin se ha vendido a los fascistas.

—Eso no lo sé, Elena. Y hay cosas que tampoco quiero saber. He decidido hablar contigo sólo para evitar que tú y tu marido acabéis envueltos en cuestiones que no podéis comprender. Por desgracia, una guerra civil produce desgarros difíciles de explicar a quien nunca ha vivido ciertas realidades...

Elena continúa mirándola, y el estupor del principio se transforma en su rostro en una profunda tristeza.

—No podemos permitir —continúa Tina— que el gusto por la aventura de algunos comprometa la marcha de la guerra. Y lo que en otros momentos sería sólo irresponsabilidad, en esta situación puede representar una auténtica traición.

—¿También Ana María habría cometido una traición? —deja escapar Elena con un tono repentinamente duro.

Tina la mira como buscando ese nombre en su memoria.

—Sí, Ana María Barón —insiste Elena—. Una chica que trabajaba como intérprete. Ella ha sido quien ha acompañado a los delegados europeos de la comisión que investigaba la desaparición de Nin.

—Lo siento, nunca he oído hablar de ella...

—Eso espero, porque Ana María ha desaparecido hace algunos días, y también solía ir al café de donde me ha sacado tu compañero...

—Te doy mi palabra de que no sé nada —dice Tina retorciéndose nerviosamente las manos—. Pero no pienses que esto es un aviso... No te estoy amenazando, créeme. Sospechamos que esa gente está preparando sabotajes, y quería que tú y Octavio lo supiérais. Nada más.

Elena se levanta de pronto y murmura:

—De acuerdo... de acuerdo. Te agradezco que me hayas ayudado a comprender muchas cosas.

Al dirigirse hacia la puerta ve un cartel en la pared y se detiene. En él aparece la imagen de un miliciano que apunta el fusil detrás de una trinchera, y, al lado, el texto de la poesía de Octavio Paz...

Como pájaros ciegos, prisioneros,
como temblantes alas detenidas
o cánticos sujetos,
suben amargamente
hasta la luz aguda de los ojos
y el desgarrado gesto de la boca,
los latidos febriles de la sangre,
petrificada ya, e irrevocable:
No pasarán.

De todas las orillas del planeta,
en todos los idiomas de los hombres,
un tenso cinturón de voluntades
os pide que no pasen.
En todas las ciudades,
coléricos y tiernos,
los hombres gritan, lloran por vosotros.
No pasarán.

Detened a la muerte.
A esos muros siniestros, sanguinarios,

oponed otros muros;
reconquistad la vida detenida,
el correr de los ríos paralizados,
el crecer de los campos prisioneros,
reconquistad a España de la muerte.
No pasarán.

Elena da unos pasos, después se vuelve a detener y mira a Tina a los ojos. Al final, con voz temblorosa, le dice:

–Puedes quitarla de ahí. Ya han pasado. Y vosotros sois los que les habéis allanado el camino.

Capítulo 26

La fotógrafa Gerda Taro, compañera de Robert Capa, muere en el frente aplastada bajo las orugas de un carro de combate. David Seymour, otro reportero que ha tratado inútilmente de convencer a Tina para que vuelva a dedicarse a la fotografía, deja España al final de la guerra para documentar a los pocos años nuevos horrores y atrocidades. Morirá en 1956, durante la invasión franco-inglesa del Canal de Suez. Robert Capa acabará sus días en Vietnam, disparando su última foto un momento antes de pisar una mina.

«Odio la guerra», dice Tina un día, mientras mira con Vidali los montones de escombros de los que sobresalen miembros de seres humanos destrozados. «Y sin embargo, querría ver otra. Querría ver reducido de este modo a cada país que ha causado y permitido todo esto...»

Sus desahogos son raros y en cualquier caso nunca tienen lugar delante de desconocidos. Sólo en un caso, durante una comida en la Embajada soviética, expresa en público el rencor hacia ciertos compañeros que siempre la han condenado por su forma de actuar. Lo hace basándose en los comentarios que alguien ha hecho sobre Alexandra Kollontai, a la que Tina ha conocido en México cuando era embajadora de la Unión Soviética. «Es una mujer formidable, con una personalidad y un carácter que no olvidaré nunca. Se reía hablándome de unos amigos que le habían hecho entender que yo, en la capital, no gozaba de muy buena fama... y no sólo por haber posado desnuda para Weston y Rivera. También me contó lo que decían de ella cuando era joven, y añadió orgullosamente que siempre había hecho lo que creía justo, sin preocuparse de las críticas... Su vida privada sólo le concernía a ella. Así como la mía sólo me concierne a mí.»

Vidali se queda sorprendido ante esta polémica reacción de Tina, habituado a sus silencios en situaciones como la de ese momento, con altos funcionarios del Komintern y diplomáticos sentados a la misma mesa. Está también el general Berzin, que en España se hace llamar Grisha, aquel que en 1932 había propuesto a Tina entrar en los servicios secretos.

Después de la sangrienta batalla del Jarama, Tina es enviada a Málaga, donde el avance franquista impone ahora la evacuación de la ciudad. Llega a Almería con Norman Bethune y la encuentra sumida en un completo caos: los bombardeos aéreos se suceden a oleadas cada media hora, las calles están llenas de prófugos; desde el mar los barcos cañonean el puerto y en tierra los tanques italianos cercan las escasas defensas y ametrallan a los civiles que huyen.

Al volver a Valencia, Tina encuentra un clima de manifiesta hostilidad: la población acusa al Gobierno y al Estado Mayor de haber abandonado Málaga a su destino, de haber descuidado aquel sector del frente a pesar de que la ofensiva franquista haya sido anunciada con una gran antelación. El enorme movimiento de tropas italianas no podía pasar inadvertido, y la gente quiere saber por qué el Ejército republicano no ha intentado ninguna defensa.

En Guadalajara, en cambio, los fascistas son derrotados duramente, en una batalla que ve enfrentarse cuerpo a cuerpo, a menudo con armas blancas, a italianos de los dos ejércitos contrarios. Después de atender día y noche a los heridos que llegan del frente, a Norman Bethune le convencen para que se vaya de España. Quien da por descontado el resultado final, prefiere que la fama internacional de Bethune sirva para apoyar nuevas causas. El médico canadiense morirá en China, adonde se había trasladado para organizar un hospital de campaña siguiendo a las tropas maoístas.

En septiembre de 1937, Vidali es enviado con una misión a París, donde llega consiguiendo eludir los controles del Deuxième Bureau. Al regresar a España, vuelve a ver a Tina en Barcelona. También aquí se respira ahora un clima de espera por la derrota inminente: la esporádica victoria de Teruel no permite concebir ilusiones. Asturias está condenada y la inminente ofensiva llevará a los franquistas desde Caspe hasta el mar, dividiendo en dos el territorio republicano. Valencia y Barcelona son sometidas a un incesante bombardeo; el éxodo en masa ha comenzado.

María viaja a Valencia en una pequeña embarcación, a través de una franja de mar vigilada por los guardacostas falangistas. A pesar del cansancio y de haber perdido toda esperanza, insiste en embarcarse en contra de la opinión de Vidali, que intenta inútilmente convencerla para que no lo haga. Llegará a su destino de milagro, con el motor averiado y evitando en el último momento arribar a territorio enemigo.

Hasta el verano de 1938, Tina trabaja como redactora del periódico *Ayuda*, órgano del Socorro rojo español. En noviembre, tras un accidentado viaje, llega a Madrid para participar en el Congreso Nacional de Solidaridad: un nombre que suena trágicamente paradójico si se considera que dos meses antes el Gobierno de Negrín ha aceptado la disolución de las Brigadas Internacionales durante los trabajos de la Sociedad de Naciones, reunida en Ginebra el 23 de septiembre. La retirada de los voluntarios extranjeros será ratificada después por el Pacto de Múnich entre Hitler, Mussolini, Chamberlain y Daladier, el mismo que servirá para convertir Checoslovaquia en un «protectorado» alemán.

La contraofensiva republicana en el Ebro ha concedido un breve respiro a la capital española asediada. La marcha de las Brigadas Internacionales se convierte así en el símbolo de la capitulación a la voluntad del nuevo orden europeo, pero las autoridades organizan una triste parada de los voluntarios, que desfilan ante los ministros y los generales recibiendo una especie de agradecimiento oficial por el trabajo realizado. Tina también está en aquel palco, junto al comisario político «Carlos Contreras».

–No es justo que acabe así –le dice al volver al hotel–. Hemos luchado durante casi tres años. He visto a combatientes de todas las batallas, mutilados y heridos, desfilar con ramos de flores y la banda... Tenían lágrimas en los ojos, y una gran tristeza en el rostro. Se me ha encogido el corazón pensando que esto es realmente el fin...

La tarde del último día de congreso, Madrid es atacada por un salvaje bombardeo aéreo y de artillería. Entre los heridos está Vidali. Tina se pasa la noche yendo de un hospital a otro, identificando cadáveres de personas desconocidas y esperando a cada momento encontrarse con el cuerpo de «Carlos». Pero lo volverá a ver en una camilla, aturdido y maltrecho, lo cual no le impide maldecir contra su mala suerte: se le ha derrumbado una pared encima justo en el preciso momento en que estaba poniéndose bajo seguro.

Con la cabeza vendada y un brazo en cabestrillo, Vidali se presenta a dar el parte a Togliatti. Éste, al verlo en esas condiciones, se echa a reír, provocando también la hilaridad de Dolores Ibarruri y Enrique Líster. Esa vez, el cinismo del «compañero Ercoli» no es compartido por Vidali, que se enoja muchísimo. Muchos años después recordará el episodio con estas palabras: «Cuando fui herido de aquel modo, otros muchos habían perdido la vida. Por lo que a mí respecta, me sentía molesto por sus risas, e incluso ofendido...»

Después de tres semanas de convalecencia, se dirige a Albacete con Tina, y después van a Barcelona en avión. A la media hora de despegar se ven obligados a regresar a causa de una avería en la radio. Pero nada más volver a iniciar el viaje, son interceptados por Fiat franquistas que les obligan a un aterrizaje forzoso en el campo cercano a la ciudad. Tina ha permanecido impasible a lo largo del ametrallamiento, hasta tal punto que los miembros de la tripulación la elogian maravillados por su frialdad.

El 31 de diciembre la ofensiva final tiene como objetivo Barcelona, que caerá el 25 de enero. A María le ordenan realizar frecuentes viajes a Francia para acompañar a militantes del partido heridos o a personalidades que hay que poner a salvo al otro lado de la frontera. Estando en Figueras, resulta milagrosamente ilesa cuando la sede del Socorro rojo es blanco de una bomba.

El intelectual mexicano Fernando Gamboa es uno de los últimos que deja España. Justo en esos días, vuelve a ver casualmente a Tina después de su anterior encuentro en el congreso de Valencia.

Me habían informado de que un importante archivo de películas y grabaciones había quedado abandonado en el castillo de Figueras. La Embajada mexicana nos había permitido utilizar un coche oficial, y salí hacia allí con mi mujer inmediatamente. El día anterior había habido un bombardeo masivo, porque las últimas Cortes de la Segunda República Española se estaban reuniendo precisamente en Figueras; de ese modo, la gente que huía de Barcelona se había encontrado bajo las bombas en su desesperado intento de llegar a Francia. Cuando llegamos al castillo, un enorme edificio gótico, descubrimos que el material cinematográfico no era el que buscábamos: había montones de películas, pero todas vírgenes. Se trataba de un pequeño almacén y no del archivo que imaginaba. Entonces me dirigí a un pueblo que estaba a unos veinte minutos en coche, pero sin conseguir nada porque estaba casi totalmente abandonado. Al atravesar el centro desierto, vimos a una mujer sentada a la mesa de un café al aire libre, sola e inmóvil. Era Tina Modotti. Cuando me reconoció me sonrió. Le pregunté qué hacía en un lugar tan absurdo, a punto de convertirse en un pueblo fantasma. «Estoy esperando» respondió. Después nos abrazamos, y me explicó que el Ejército en retirada pasaría por allí y por lo tanto también Vidali. Intenté hacerle comprender que corría mucho peligro esperando los restos de un ejército que se replegaba bajo los ataques de los franquistas; le propuse llevarla en media hora a Agullana, en nuestro coche provisto de banderines diplomáticos, y al final hice un esfuerzo por bromear, diciéndole: «No estamos en México, y tú no puedes enrolarte como "soldadera".» Pero no se dejó convencer.

La dejamos en su mesita, hacia las seis de la tarde, al sol frío de febrero, que iluminaba las columnas de campesinos que huían por las montañas, y ella sola, con aquella mirada suya penetrante y la expresión pensativa... La imagen de una mujer exhausta, que llevaba en su interior la agonía de los derrotados, encerrada en su soledad melancólica.

Medio millón de prófugos deja Cataluña bajo una lluvia gélida que ha comenzado a caer ininterrumpidamente en los últimos días de retirada; huyen perseguidos por los bombardeos que no conceden tregua, sin víveres y con un futuro sin esperanzas. Los únicos que defienden a los civiles que escapan son los pocos voluntarios internacionales que se han negado a obedecer la orden de disolverse, y los anarquistas catalanes que durante muchos años continuarán la guerrilla desde los Pirineos.

Tina se despide de Matilde Landa, la amiga que ha estado más cerca de ella en esos trágicos meses. Matilde ha decidido quedarse. Quiere combatir con la resistencia del último frente, el del centro-sur. Será capturada por los franquistas en la caída de Madrid y condenada a muerte. Conmutada esta pena por la de cadena perpetua gracias a la intervención de numerosas personalidades extranjeras, soportará seis meses de torturas en los sótanos de la policía. Algunos años más tarde, «cae» por una ventana de la cárcel de Mallorca. Su marido, Paco Ganivet, después de haber obtenido el permiso de volver del exilio, se quitará la vida en Madrid arrojándose desde un quinto piso.

Tina se resigna a seguir la larga fila de hombres y mujeres harapientos, con la cabeza baja, que arrojan las armas y se someten a los controles de los guardias poco benévolos de la frontera francesa. Para ella no surgen problemas especiales: tiene un pasaporte falso con el visado del consulado de Francia a nombre de Carmen Ruiz Sánchez; ya ha cruzado con él varias veces la frontera en los meses anteriores.

Capítulo 27

El recibimiento de los comunistas franceses a los refugiados españoles no es más caluroso que el del Gobierno. Son veteranos de una guerra que todos querrían olvidar enseguida y, además, crean enormes problemas al tambaleante equilibrio de un país que acaba de salir de la desastrosa experiencia del Frente Popular de León Blum. Tina se ve obligada a enfrentarse a esta realidad, para ella inconcebible, de unos militantes alterados y esquivos ante las peticiones de los exiliados. En Perpiñán va a la Casa del Pueblo, donde tiene problemas con un vigilante cuya actitud es todo lo contrario a fraternal. La reacción enojada de Vidali desencadena un incidente que acabará en la secretaría del PC francés. Salen de allí a altas horas de la noche, corriendo el riesgo de encontrarse con la policía que busca a los derrotados en la zona de frontera, y buscan refugio en el consulado español. Viendo que ya está lleno de gente, deciden ir a un hotel en donde otros amigos suyos han conseguido una habitación.

El amanecer llega entre interminables discusiones y rencores alimentados por las dudas acerca del papel que Moscú ha desempeñado realmente en España, invadidos por la amarga conciencia de pertenecer a un capítulo ya acabado de la historia. Sólo Vidali sigue mostrando un vago optimismo que se proyecta más allá de la situación del momento, seguro como está de haber realizado su propia misión y de tener aún muchas cartas que jugar en el futuro. Tina escucha en silencio, concentrada en su muda resignación.

En el tren que les lleva a París los dos revisan las instrucciones acerca del trabajo que les espera en el Socorro rojo francés. Han recibido la orden de no volver a España por ningún motivo; y, por otra parte, tienen la misión de coordinar el control de los refugiados que acuden a millares a la organización. Se alojan en casa del abogado Marcel Willard y se ponen manos a la obra sin perder un solo día. En la primera reunión, Tina se queda impresionada ante la intervención de un delegado parisino, que declara sin rodeos: «Los prófugos españoles han perdido su guerra, y ahora no pueden esperar mucho de nosotros.» Contrariamente a sus costumbres, se deja dominar por la rabia y le grita: «¡Y vosotros habéis perdido la guerra contra el nazismo! ¡Meteos en la cabeza que la derrota de España es el comienzo del fin del antifascismo en toda Europa!»

Vidali no interviene, y el comunista francés pone fin a la cuestión alzándose de hombros.

Otro duro golpe para ella es la muerte del poeta Antonio Machado. Gravemente enfermo, había cruzado la frontera a pie bajo una intensa lluvia. Una pulmonía pondría fin a su vida al poco tiempo. Tina se acerca a Colliure y lo encuentra ya agonizante. La muerte de su amigo la hunde en una terrible postración de la que sólo parece salir cuando toma una drástica decisión: quiere volver a Italia para luchar clandestinamente contra el régimen. Más que una opción política, en ella parece la desesperada búsqueda de un epílogo dramático.

Obviamente, como a todos los italianos que se han quedado en la Unión Soviética, también a ella le prohíben bajo ningún concepto regresar a Italia. Giuseppe Di Vittorio se pasa los días enteros discutiendo con ella acerca de esto, tratando de hacerle ver todos los lados negativos de su decisión, y haciéndole comprender lo aislada que se podría encontrar una vez rotos los vínculos con el Komintern. Al final, Tina renuncia a esta actitud «aventurera» y decide quedarse en Francia, donde en ese momento hay mucho trabajo que hacer. Pero pocos días después llega a París el representante comunista inglés Tom Bell, con una misión de Elena Stasova para Vidali y Tina: deben ir a los Estados Unidos, oficialmente para «coordinar la llegada de otros refugiados españoles». Pero antes pueden escoger volver a Moscú y gozar de una «merecida temporada de descanso».

Entrar en los Estados Unidos ilegalmente y con visados falsos supone correr el riesgo de ser identificados y detenidos. Pero Tina no manifiesta ninguna duda al respecto: considera que la Unión Soviética es un peligro aún mayor, pues recuerda el clima de sospecha que había rodeado los últimos meses de su vida allí. En cualquier caso, seguir declarándose comunista, para ella, ahora tiene muy poco que ver con el delirio paranoico que se ha desencadenado en Moscú.

Vidali llega a Nueva York el 23 de marzo de 1939. Habiendo decidido viajar por separado, Tina se embarca en el *Queen Mary* tres semanas después. Lleva un pasaporte a nombre de Carmen Ruiz Sánchez, donde figura un visado válido sólo durante tres meses. Pero cuando lo presenta a las autoridades portuarias, se lleva la amarga sorpresa de descubrir que ya estaban informados de su llegada. Pero esta vez prefiere no llamar la atención sobre la situación. No hay prensa ni fotógrafos, y tampoco está detenida: le ofrecen volver a partir inmediatamente con destino a Veracruz.

Después de nueve años, durante los cuales ha agotado las ilusiones y las desilusiones de toda una vida, Tina vuelve a México. Vidali se queda algún tiempo en los Estados Unidos, pero se reunirá con ella muy pronto. De hecho, su nueva misión consiste en asegurar ciertos contactos, por lo cual debe dirigirse a Ciudad de México, donde ya ha comenzado un delicado trabajo para tejer la invisible tela de araña en torno al objetivo. Rodeada de la máxima reserva, la misión procede directamente de Stalin, que ha pedido que se utilice exclusivamente a agentes escogidos entre los más leales.

Un año antes, León Trotski había obtenido asilo político del presidente de la república mexicana Lázaro Cárdenas, trasladándose definitivamente a la capital con su mujer y algunos incondicionales irreductibles que le hacen también de guardia personal.

El 19 de abril de 1939, Tina ve pasar ante sus ojos la majestuosa fortaleza de San Juan de Ulúa, el hormigueo de colores sobre los muelles, la interminable fila de barcos en la bahía... Y el aire pesado, espeso por la humedad candente, el deslumbrante sol que hace brillar de sudor las espaldas encorvadas en el fondo de las barcas, el cielo absurdamente azul, de un cobalto intenso... Y los sonidos, las voces, los perfumes violentos de Veracruz.

Camina confusa en medio de la multitud ruidosa, recorre el muelle con pasos inseguros y temblorosos después de los largos días de travesía, esboza una sonrisa ausente a los chiquillos que se precipitan a recoger su escaso equipaje.

La plaza rodeada de soportales, con las mesas y sillas apiladas en espera de que descienda la enésima noche en vela, entre cajas de cerveza y omnipresentes marimbas... Vuelve a ver con los ojos de hace un siglo el rostro ansioso de Edward, fascinado y perdido, impaciente por el calor e invadido de un frenesí contagioso... Su respiración jadeante a causa de la pesada Graflex y del trípode que lleva a la espalda, la indecisión ante los mil estímulos de rostros, cuerpos, manos... Ojos ardientes, llenos de energía irrefrenable, sus ojos jóvenes reflejándose en el agua de la fuente del centro de la plaza...

Se sienta en el bordillo de piedra, mirando las paredes blancas, preguntándose si realmente ha vivido alguna vez todo esto, si han pertenecido a ella aquellos días lejanos y llenos de sueños... Mete la mano en el agua tibia, se vuelve y distingue su rostro envejecido, sus ojos hundidos y apagados, sus labios fruncidos por la melancolía. El *pasado* no existe, piensa. No existe porque ha pasado. Y ahora tampoco existe el futuro. Sólo le ha quedado este presente impalpable, frágil, con la misma consistencia que la de su imagen reflejada en el agua trémula de la fuente...

Se pasa la mano mojada por el cuello. Se encuentra con las miradas de los niños que esperan pacientes, con las maletas en equilibrio sobre sus cabezas, sin preguntarse nada. Tal vez estén pensando que la *extranjera* está muy cansada después de un viaje tan largo.

En Ciudad de México Tina se hospeda en una casa situada en la zona de San Ángel perteneciente a una familia conocida de Vidali, que se reúne con ella unos días después. Él continúa utilizando el nombre de Carlos Contreras, profesor de historia nacido en La Coruña, España. El Socorro rojo se encarga de hacer llegar a Tina una pequeña suma de dinero con la que pueda mantenerse al menos durante los primeros meses. El embajador mexicano en Madrid, Adalberto Tejeda, intercede ante el Gobierno para que anulen la orden de expulsión de Tina, y Carmen Ruiz Sánchez vuelve a ser Assunta Modotti, a pesar de que en el reducido círculo de amigos todos la sigan llamando María. Encuentra un minúsculo apartamento en alquiler en el número 137 de la calle Doctor Balmis, en un modesto barrio situado a unos minutos del centro histórico. En realidad se trata de una *azotea*, prácticamente una buhardilla transformada en vivienda, en el ático de una casa de tres pisos. Desde la terraza se divisan los volcanes y los campanarios de la catedral, pero las dos angostas habitaciones, llenas de humedad de la lluvia y de grietas, tienen muy poco que ver con las casas en donde había vivido en una época.

Tina busca enseguida trabajo como traductora, mientras Vidali obtiene una óptima cobertura como periodista de *El Popular*, diario vinculado a los ambientes comunistas mexicanos. Pero el «período de descanso» político no está destinado a durar mucho. Tina debe volver a Nueva York para valorar las posibilidades de una nueva y más larga estancia de Vidali en los Estados Unidos, al que le han encargado trabajar en estrecho contacto con el dirigente del partido comunista Earl Browder. Esta vez conseguirá pasar inadvertida acentuando su aspecto de señora humilde y aparentando más edad de la que tiene: en las fotos de carnet, nadie reconocería en ella a la «bellísima revolucionaria italiana» de la que hablaban los periódicos americanos diez años atrás. Y, sin embargo, no mucho tiempo después, el FBI abrirá un expediente sobre ella basándose en un «informe confidencial» enviado por el Consulado general de los Estados Unidos en México, en el que Tina es considerada «agente de los servicios secretos soviéticos».

En Nueva York se queda aproximadamente dos meses y, a su regreso, cuenta a Vidali que consideran «demasiado peligroso» para él un inmediato traslado. La orden de Earl Browder es que no se mueva de México, al menos por el momento. Y que prosiga con el trabajo iniciado.

Capítulo 28

El 9 de enero de 1937, Diego Rivera y Frida Kahlo también están en el puerto de Tampico para recibir a Trotski. Gracias a la intervención de Rivera, el presidente Cárdenas le ha concedido asilo político. Ante el constante temor de un ataque por parte de agentes estalinistas, el grupo de Trotski se desplaza rodeado por los hombres armados de su séquito y por un cordón de policías.

La primera residencia del *profeta exiliado* es la casa azul de Frida Kahlo, donde enseguida comenzará a correr el rumor de una presunta relación entre ellos. Es cierto que Frida se siente atraída por la insospechada sensibilidad de Trotski, y pasa horas y horas dialogando en el patio con esa leyenda viviente a la que ella, con sencillo candor, llama «El Viejo». También se intercambiarán tiernas cartas llenas de recíproca admiración que Frida le devolverá después, cuando las murmuraciones entre asombradas y divertidas de los amigos amenacen con llegar a los oídos del celosísimo Diego. En cuanto a Natalia Sedova, las atenciones de su anciano compañero hacia la joven pintora no le pasan inadvertidas. Pero esa infantil atracción no basta para deteriorar la relación de toda una vida. Evidentemente, Frida no goza de sus simpatías, sobre todo después de haber leído la dedicatoria que le ha escrito a Trotski por detrás del autorretrato que le ha regalado: *A León Trotski, con todo mi amor, el 7 de noviembre de 1937.*

Aparte de esto, la casa de Frida y Diego no ofrece todos los requisitos de seguridad que la situación impone. En enero de 1938, Trotski recibe la trágica noticia de la muerte de su hijo Liova, que se añade a la desaparición en 1935 de su otro hijo, Serguéi. La GPU está eliminando una tras otra a sus personas más queridas y, al no conseguir crear en torno a Trotski un vacío político, Stalin trata de vencer su obstinada resistencia matando a sus hijos. Su estrecho círculo de colaboradores y guardas de seguridad le convencen para que escoja una residencia más fácil de defender de eventuales ataques directos. En el mismo suburbio de Coyoacán, en el número 45 de la calle Viena, hay una casa enorme con un muro muy alto: dos construcciones de un solo piso comunicadas entre sí, y un amplio portal para poder entrar y salir de ella sin tener que bajarse del coche. Tras unos meses de trabajo es transformada en un fortín. En ella hay parapetos, torretas, troneras, barrotes en las ventanas y puertas de reducidas dimensiones para obstaculizar una irrupción y blindadas a prueba de proyectiles. Incluso se organizan turnos de guardia sobre los «bastiones» entre los secretario-guardianes, hombres que han venido a reunirse con él desde Europa y desde los Estados Unidos para defenderlo a toda costa. Son Otto Schuessler, Walter Kerley, Charles Cornell, Jake Cooper y Harold Robins, que hace las funciones de «coordinador». A éstos se añade Robert Sheldon Harte, que nunca quedará claro si fue una víctima inconsciente o un probable traidor.

El jardín, embellecido con flores y cactus, llegará

a ser el único lugar en que Trotski pueda pasar algunas horas al aire libre relativamente seguro, dialogando con los visitantes cuidadosamente seleccionados por sus hombres, o leyendo incansablemente publicaciones e informes de todos los puntos del mundo. El resto del día lo pasa dentro de su estudio, grabando en el dictáfono sus interminables memorias y análisis sobre el presente y el futuro.

Pero las escrupulosas precauciones y la constante vigilancia no impiden que veinte asaltantes penetren en el jardín por la puerta del garaje durante la noche del 23 de mayo de 1940. Se desencadena un breve pero intenso tiroteo con los defensores, cuya reacción es tan decidida y rápida que consiguen rechazarlos en pocos minutos. A la cabeza del grupo se encuentra David Alfaro Siqueiros, que consigue introducir el cañón de su ametralladora Thompson a través de la ventana de la habitación donde duermen Trotski y su mujer. El alféizar es demasiado alto, y Siqueiros se ve obligado a disparar sin apuntar. Las ráfagas destruyen las paredes rozando la cama, detrás de la cual se ha arrojado la pareja de ancianos al oír los primeros disparos. Los atacantes se retiran sin pérdidas y seguros de haber conseguido su objetivo, renunciando a luchar contra los hombres que responden al fuego desde todas las puertas y ventanas. Al final, sólo resultará herido el pequeño Vsévolod Vólkow, nieto de Trotski, hijo de su hija mayor Zina, a quien una bala rebotada le ha hecho un rasguño en el pie. Las bombas incendiarias, esparcidas por el jardín y delante de la puerta, son desactivadas antes de que exploten.

En los días siguientes adquirirá consistencia la hipótesis de que seguramente ha habido un cómplice dentro de la casa que podría haber permitido a los asaltantes introducirse en el jardín. La desaparición de Sheldon da más valor a la tesis de que puede haber habido un traidor que haya dejado abierto el portal o incluso guiado al comando hasta la habitación de Trotski. Las investigaciones conducen a la detención de algunos componentes del grupo, que durante los interrogatorios acaban por revelar el nombre de Siqueiros. El otro responsable de la acción sería un desconocido con acento extranjero, cuya función parece haber sido la de conexión, manteniendo los contactos con quien suministraba las informaciones y dictando de vez en cuando las órdenes...

Durante una inspección judicial en una casa que Siqueiros había comprado en el Desierto de los Leones, una zona de colinas situada a pocos kilómetros de la capital, se descubre el cadáver de Sheldon, enterrado apresuradamente bajo el suelo de tierra batida de la cocina. Ante el cuerpo del joven, Trotski no consigue retener las lágrimas. Quizá sea la única vez que se ha visto llorar en público al viejo comandante del Ejército rojo. Reacciona indignado ante la hipótesis de que Sheldon pueda haberlo traicionado. Es más, ordena inmediatamente que se esculpa una lápida de mármol para conmemorar su sacrificio y se coloque en la pared de la entrada del jardín.

Se acusa a Siqueiros de haberle disparado dos tiros en la nuca. No se sabe si Sheldon ha sido cómplice o víctima de un secuestro, pero lo que está claro es que debía ser suprimido para eliminar un testigo peligroso. De esta manera, ninguno podrá revelar la identidad del misterioso «transmisor de las órdenes» de acento extranjero. El arresto de Siqueiros no servirá para aclararlo: goza de tal fama y respeto, que el Gobierno pone a su disposición una residencia abierta a cualquier visitante, y desde la cual no dejará de enviar «consejos» y recomendaciones a ministros y generales, asiduos visitantes por otra parte de esa singular *prisión*.

–¿Puedo al menos saber dónde te vas? –pregunta Vidali nervioso. Apoyado en el quicio de la puerta, la observa incrédulo, mientras ella mete rápidamente su escasa ropa en la maleta de cuero desgarrado. Después de haber conseguido con un gran esfuerzo cerrar con llave la maleta, Tina se queda mirándole de arriba abajo, con expresión molesta.

–¿Qué has venido a hacer aquí?

Vidali se alza de hombros.

–He venido a ver cómo estabas... y te encuentro con la maleta preparada para irte sin ni siquiera avisarme.

–No te preocupes –dice ella con una sonrisa burlona–. No tengo ninguna intención de *desaparecer*.

Vidali se acerca, le coge delicadamente los brazos. Tina se suelta con un movimiento brusco.

–Tal vez haya sucedido algo que...

–¡No, por favor! –exclama ella casi gritando–. No ha sucedido absolutamente nada. Todo está controlado, ¿no?

Vidali hace un gesto de impaciencia.

–Adelante, no irás a creer en las vilezas que ésos han ido contando por ahí...

–Yo ya no creo en nada. Hace mucho tiempo que no creo en nada ni en nadie. Pero no puedes pretender que no vea ni sienta.

–Escucha, Tina... David ha organizado todo esto sin contar con nadie, yo no podía imaginar que...

–¿No podías imaginar? ¡Pero si hace meses que preparas el terreno! Conmigo no te sirven los pseudónimos: tú has dirigido la campaña contra ese pobre viejo, tú has escrito decenas y decenas de artículos para presentarlo como el peor enemigo que ha quedado en circulación... ¡Y ahora que un grupo de desalmados ha realizado el heroico gesto que todos se esperaban, me vienes a decir que no podías imaginarlo!

–Entre escribir en el periódico y disparar contra él hay una gran diferencia.

–Ahórrate el esfuerzo. Te conozco demasiado bien, Vittorio. Y conozco a ese exaltado de David lo suficientemente bien como para saber que él solo no ha podido haberlo organizado todo. Es lo bastante fanático como para hacerlo, pero no lo bastante inteligente como para dirigirlo.

Vidali cruza los brazos y la mira con actitud provocadora.

–En ese caso, no habría acabado de ese modo, ¿no?

–Sí –replica Tina con un gesto de rabia– sé que te consideran una garantía. Además de la propaganda, debían haberte hecho dirigir las operaciones. Tú nunca has fallado un objetivo, ¿verdad? Bonita empresa... Un niño herido y un pobrecillo con dos balas en la nuca. Ahora puedes escribir también un editorial contando la bravata de tus carniceros.

–Ten cuidado con tus nervios. Espero que no seas tan imprudente como para ir diciendo por ahí todas esas tonterías...

Tina se detiene. Deja caer la maleta en el suelo y mira a los ojos a Vidali, que se enciende un cigarrillo sin dejar de observarla.

–No quiero tener nada que ver contigo ni con los que son como tú –dice temblando–. Pero lo que pienso y siento me lo guardo para mí. Como he hecho siempre.

Vidali asiente y hace un gesto con la mano como para decir que no lo pone en duda. Ella vuelve a buscar algo en el armario y, mientras tanto, maldice entre dientes.

–Entonces es definitiva –dice él al cabo de un momento cambiando de tono– la decisión de no renovar el carnet...

–Si necesitas una excusa para los *compañeros*,

puedes decir también que el permiso de estancia me impide realizar actividades políticas. Recuérdales la ley mexicana referente a ello, y hazlo de tal modo que se olviden de que existo.

Va a la cocina y rebusca en la artesa volcando algunos vasos, mientras Vidali la observa preocupado.

—Puedes hacer otra cosa más: olvídate de mí de una vez por todas, y cásate con tu Isabel... Sé que ella no espera otra cosa. Te adora como a un dios, y será feliz de darte ese hijo que tanto deseas...

Echa la cabeza hacia atrás lanzando una carcajada gélida.

—¡El heredero del Comandante Carlos! Sólo podrá ser un héroe...

—Isabel es sólo una buena compañera —la interrumpe Vidali, parándose en la puerta e impidiéndole volver a la habitación—. Como tú también lo eras en una época.

Ella le dirige una mirada de desprecio y añade:

—En una época yo era ciega y sorda. Hoy, como mucho, puedo permanecer muda.

Lo aparta y va a un rincón del cuarto donde hay un viejo ciclostil. Coge un paquete de papeles y se lo tiende a Vidali.

—Llévalos tú a la sede. Y si queréis imprimir más, coge este aparato y mándaselo hacer a otro. Los vecinos ya no pueden más de oírlo chirriar día y noche.

—¿Quieres decir que ni siquiera te dejarás ver en el partido?

Tina se sienta encima de la cama con un suspiro de cansancio.

—Con lo que he tenido que tragar el otro día —murmura haciendo un gesto con la cabeza—, cualquier esfuerzo es inútil. Y si quieres que te lo diga más claro, me habéis cansado.

—Ya está bien, Tina... Sólo estás buscando pretextos —exclama Vidali dando un manotazo en la pared.

—¡¿Pretextos?! —grita ella—. Aliarse con la Alemania nazi es escupir sobre los muertos, sobre el sacrificio de toda una generación. Para ti todo esto es sólo un problema diplomático, ¡¿no es así?!

—Te quedas en las apariencias, no consigues ver las cosas en su conjunto. Por otra parte siempre ha sido tu problema.

Tina se levanta, da lentamente unos pasos hacia él y se detiene a unos centímetros de su cara, para murmurar:

—En tu visión de conjunto... ¿hay lugar también para esos doscientos o trescientos comunistas alemanes que Stalin ha devuelto a Hitler en señal de amistad?

Vidali se aparta dándole la espalda y sale a la terraza. Pero ella lo sigue hasta allí, y continúa:

—Centenares de hombres y de mujeres que han acabado con una cuerda al cuello... Sus vidas usadas como regalo, como mercancía de intercambio entre asesinos de la misma raza.

—¡Y tú qué diablos sabes! —grita Vidali volviéndose bruscamente. La empuja dentro, cierra la puerta—. Es todo propaganda, rumores que han hecho circular los que son como tú... ¿Estabas tú allí tal vez? ¿Has visto cómo se los entregaban a los nazis? ¿Tienes pruebas de lo que estás diciendo?

—Pruebas... —dice ella con una sonrisa amarga antes de soltarse.

Coge la chaqueta de la cama, se la dobla encima del brazo. Levanta la maleta y hace el gesto de ir a abrir la puerta. Vidali se echa hacia atrás, le cierra el paso poniéndose de espaldas contra la puerta.

—¿Vas a volver? —pregunta.

—Sí; claro, ¿dónde quieres que vaya?...

—¿Cuándo?

Tina se frota la frente y se aparta un mechón de cabellos del rostro.

—No sé... dentro de dos o tres meses, creo.

—Y si necesitara hablar contigo ¿dónde te puedo encontrar?

Ella respira; lo mira con una expresión resignada.

—Me han ofrecido un buen trabajo: unas fotografías para ilustrar un libro... Es de Constancia de la Mora, tú también la conoces. Ha recogido material sobre la gente de Oaxaca, y quiere volver allí conmigo para hacer las fotos. Viajaremos continuamente... y, en cualquier caso, no sé para qué ibas a necesitar hablar conmigo.

Vidali se aparta, la deja salir. Tina cruza la terraza y, cuando está en la puerta de la calle, se vuelve para decirle:

—Puedes dormir tranquilo, Vittorio. Con los pocos amigos que me quedan sólo hablo de fotografías... y de otras tonterías que por supuesto no tienen nada que ver contigo. Pero ya no cuentes conmigo. Para *nada*.

Capítulo 29

«La suerte me ha concedido una tregua. Será de corta duración» escribe León Trotski el 24 de mayo de 1940. Y el 20 de agosto, sólo tres meses más tarde, Ramón Mercader del Río lo mata destrozándole el cráneo con un piolet.

La preparación del atentado es de tal complejidad, que sólo después de muchos años de investigaciones se conseguirá reconstruir su trama. Incluso el verdadero nombre del asesino no será descubierto hasta varios meses después de su captura.

El plan ha sido organizado en Nueva York, desde donde comienza a desentrañarse toda la serie de relaciones y complicidades del caso. El dirigente comunista Earl Browder encarga a Jack Stachel, agente de la GPU, que ponga en contacto a Mercader con alguien que pueda introducirlo en el seleccionado círculo de personas que visitan a Trotski. El primer eslabón de la cadena es la periodista Ruby Weil, que goza de una cierta confianza entre los trotskistas, pero que, en realidad, trabaja para un funcionario del Komintern. A través de ella, Mercader conoce a Silvia Ágelov, hermana de una secretaria de Trotski.

El encuentro tiene lugar en París, donde el sicario dispone de un apartamento alquilado por Siqueiros en el verano de 1938. En esos días, un banal «incidente» amenaza con obligarles a cambiar todos los planes. Octavio Paz, que acaba de regresar de España, se encuentra por casualidad con Siqueiros. Éste reacciona con tal nerviosismo que llega a despertar las sospechas de Paz, que no se explica su inquietud cuando le pregunta por qué ha dejado la división de Líster en la que se había enrolado. Siqueiros conoce la opinión del poeta mexicano con respecto al estalinismo y teme que el día de mañana, consumado el hecho, pueda deducir el verdadero motivo de su presencia en París. No hay duda de que su temperamento es el adecuado para un oficial de tropa o para dirigir un comando de asaltantes, pero carece de la suficiente sangre fría para controlar una situación imprevista. Ante la sonrisa sorprendida de Octavio Paz, farfulla algunas frases entrecortadas, tratando de encontrar alguna excusa creíble. Y al final dice que se encuentra en Francia de paso y que se dirige a Italia para llevar a cabo una misión relacionada con la guerra de España. Llega incluso a pedir a Paz que le acompañe a la Gare de Lyon, esperando disipar de ese modo cualquier duda por la parte de éste. Después se sube al primer tren que, a través de Suiza, se dirige hacia Turín.

Siqueiros considera que su actuación ha sido lo bastante convincente como para no comprometer el desarrollo de la operación. Sin embargo, por lo que a Paz se refiere, tuvo la impresión de que Siqueiros se había inventado sobre la marcha el viaje a Italia para ocultar el verdadero motivo de su «paso» por París, y que se bajaría de aquel tren en la primera estación. Pero esto no le llevaría a denunciar a Siqueiros en un futuro, a pesar de los temores de éste.

Silvia Ágelov se encuentra en la capital francesa

para asistir a un congreso en el que participa el mismo Trotski, y en esta ocasión conoce al matrimonio Rosemer, amigo de Trotski desde hace mucho tiempo y asiduos visitantes de la casa de Coyoacán. La Ágelov milita en el partido laborista, y ya en 1937 había viajado a México para visitar a su hermana.

Ramón Mercader es un hombre atractivo, educado, viste con elegancia y se comporta con una gran discreción. Su objetivo es llegar a tener una relación con Silvia, pero no quiere actuar precipitadamente y arriesgarse a que alguien pueda sospechar de él. Al contrario, hace lo posible para que sus encuentros parezcan casuales; más tarde dejará que sea ella la que contacte con él. Los dos se vuelven a ver en los Estados Unidos y después en México. Su apariencia de comerciante que se dedica a la importación y exportación, justifica sus continuos viajes. Se hace llamar Frank Jackson, según los datos de su pasaporte falsificado, que antes había pertenecido al comunista canadiense Tony Babich, caído en el frente de Madrid.

Silvia Ágelov se enamora de «Frank». Cada vez se ven con más frecuencia y él la invita a acompañarle a algunos viajes de «trabajo», perfectamente pensados para que no haya ningún punto oscuro en sus actividades. Ella es ahora una presencia habitual en la casa-fortín de la calle Viena, y Mercader se limita a acompañar y a esperar a que salga paseando por la calle, con el fin de convertirse en una figura familiar para los vigilantes apostados en el muro. Conforme pasan los meses, éstos comienzan a saludarlo amigablemente e intercambian con él algunas bromas, pero Mercader no hace nada para forzar la situación. Un día invitan a Silvia a una excursión a un pueblo vecino situado a orillas del Xochimilco y su novio Frank Jackson es aceptado de una forma natural en el grupo. A partir de entonces no hay ningún motivo para hacerle esperar en la calle. Cuando va a recoger a Silvia, le abren la puertecita lateral de la verja blindada y le hacen pasar al jardín. Si quisiera podría entrar en la casa, pero él evita parecer molesto o curioso. Pasea entre los cactus y las flores, sin preguntar nunca nada ni mostrar ningún interés por la vida de los habitantes de la casa o de sus amigos. No deberá esperar mucho a que le inviten a comer ni a tener sus primeras conversaciones con Trotski, superficiales y vagas. De hecho, durante la excursión a Xochimilco, Mercader se ha limitado a saludarle, para después subirse a una barca solo con Silvia.

Pero, mientras tanto, la hermana de ésta, que ha vuelto durante algún tiempo a Nueva York, le escribe una carta advirtiéndole de que los agentes estalinistas Helman y Stachel llegarán a la capital mexicana; indicación que sin embargo forma parte del habitual control que los trotskistas ejercen sobre los movimientos de los potenciales sicarios.

En dos años de paciente trabajo, Ramón Mercader ha conseguido el fin que se había propuesto. Ante Trotski se declara apolítico, pero sabe demostrar una cierta fascinación por sus teorías al mismo tiempo que hace gala de una despreocupada incompetencia. No se arriesga a parecer falso mostrando una admiración que probablemente todos se esperan de él; al contrario, le provoca defendiendo los méritos del capitalismo basándose en los simples intereses de un comerciante, pero sin resultar antipático: su ignorancia parece sincera, y es lo bastante humilde para reconocer sus propios límites cada vez que le demuestran la inexactitud de tales aseveraciones. Es un perfecto cualquiera, y por tanto se puede sentir atraído por unos ideales que no consigue comprender. Y cuando, meses más tarde, da muestras de una vaga pasión por la escritura y el periodismo, Trotski se ofrece espontáneamente para corregirle algún «fragmento»...

Ésta será la excusa que le permitirá presentarse solo en la casa-fortín, encerrarse en el estudio con Trotski, conseguir que concentre su atención en la lectura de un largo artículo para después situarse a sus espaldas y golpearlo con un arma silenciosa. Llevaba en el bolsillo una automática calibre 45 para usar en caso de necesidad.

Pero el plan de asesinarlo sin hacer el menor ruido y salir tranquilamente de la casa inmediatamente después, se ve obstaculizado por la imprevisible reacción de la víctima: con el cráneo traspasado y la sangre que le impide ver, Trotski se arroja sobre él y muerde con fuerza la mano que lo ha golpeado. Acuden los secretarios armados, que inmovilizan a un Mercader aterrorizado ante la invulnerabilidad de Trotski: el anciano combatiente bolchevique está ahora de pie, apretándose un pañuelo sobre la penetrante herida para intentar detener la hemorragia. Socorrido por su mujer, conserva la calma para contar cómo ha sucedido todo y dirigirse en inglés a Charles Cornell para recomendarle que no mate a «Jackson». «Hay que obligarle a hablar, es importante descubrir quién es en realidad...» Después tranquiliza a Natalia Sedova diciéndole que se encuentra mejor. Pero, volviendo a utilizar el inglés para que ella no le entienda, murmura dirigiéndose a Cornell: «Lo siento, realmente es el fin. Esta vez nos la han hecho...»

Le trasladan al hospital sin que haya perdido aún el conocimiento. Morirá al día siguiente, intentando comunicar inútilmente algo que la progresiva parálisis hace indescifrable.

Cuando Tina había sido detenida en el *Queen Mary* y la habían obligado a proseguir hacia Veracruz, Vidali se había quedado algunos días en Nueva York precisamente para encontrarse con Browder y Stachel. Este último viaja a Ciudad de México cuando los preparativos del atentado están ya en la fase final. A mediados del año 1939 Tina volvía a Nueva York por encargo de Vidali, probablemente sin saber cuál era el verdadero motivo que exigía mantener los contactos con los Estados Unidos para evitar «quemar» al periodista Carlos Contreras. A éste le confían sobre todo la campaña de prensa en contra de Trotski, y llega incluso a organizar manifestaciones ante la casa de Coyoacán. El asesinato de Trotski debía realizarse después de haber suscitado contra él el odio y el desprecio de todo el ambiente político relacionado con el Partido Comunista Mexicano, mientras que la opinión pública local lo habría considerado como el lógico epílogo de aquel enfrentamiento tan violento. Entre tanto, Vidali veía asiduamente a Siqueiros, que protegía la actividad de éste aprovechando a los conocidos que tenía dentro del Gobierno; los dos participaban en las mismas reuniones de célula y en las cenas de «trabajo» en la casa del pintor. Tina, en cambio, después de su última *misión* en Nueva York se aleja de la militancia, y cuando le ofrecen renovar el carnet del partido, se niega diciendo que prefiere no desafiar el tácito acuerdo al que se ha llegado con las autoridades mexicanas, según el cual los refugiados políticos se comprometen a no interferir en las cuestiones internas del país. El número 137 de la calle Doctor Balmis se convierte para ella en un refugio de su soledad, la primera casa de verdad después de tantos años de vagabundeo persiguiendo un ideal ya derrotado. En lo que Vidali llama «el cuchitril del cielo», con el agua filtrándose por el ruinoso techo durante la estación de las lluvias y con el sol que lo pone enseguida incandescente, Tina pasa los días leyendo en la terraza, a la sombra de una pérgola de claveles trepadores y con la sola compañía de una gata y una perrita. Va dejando poco a poco la actividad política y se dedica a traducir en solitario algunos libros para poder vivir. Ahora su compromiso como militante se limita a escribir a máquina artículos para el boletín de la Asociación Antifascista Garibaldi. Es también una forma de conservar una frágil relación con Italia, por la que siente cada vez más una dolorosa nostalgia. Escribe, corrige pruebas, ciclostila, en una rutina que la ve apagarse día tras día. No ve a ninguna de las personas que la han conocido en 1929, pues evita cualquier contacto con aquellos ambientes. Una mañana, al entrar en una oficina de correos del centro, cruza una mirada con un hombre al que reconoce inmediatamente: es Bruno Traven, que, perplejo, la observa buscando aquel rostro en su memoria. Está muy cambiada, pero tras unos segundos de indecisión, Traven la sonríe abiertamente y se acerca a ella para abrazarla. Tina se echa hacia atrás, le hace gestos con la mano como para decirle que no puede hablar y que le llamará por teléfono más adelante. Traven, acostumbrado a las normas de una vida semiclandestina, se queda quieto y finge dirigirse a alguien que pasa por la calle. No la volverá a ver, y mucho menos recibirá su llamada.

¿Por qué Tina no ha querido ni siquiera saludarlo? ¿Lo ha hecho sólo para no tener que revivir recuerdos que ahora le resultan dolorosos, para no sentir nostalgia de una época tan lejana a las tragedias que después ha vivido? ¿O tal vez su consigna de guardar silencio la obliga a no reanudar ningún contacto que pueda poner en peligro asuntos que la obligan a su pesar a ser cómplice pasiva?

Los raros amigos que de vez en cuando van a visitarla a la azotea rodeada de tejados, la ven envejecer rápidamente, aunque siga conservando la dulzura de su rostro y la profundidad de la mirada. Pero la austera severidad que en una época sabían expresar sus ojos, ha dejado paso definitivamente a una desesperada tristeza. El encanto misterioso, celebrado por todos los que la habían conocido diez años antes, ha sido sustituido por la expresión resignada de las últimas fotos. Por otra parte, las dificultades económicas la obligan a reprimir su pasión por la fotografía, que nunca ha llegado a desaparecer del todo en ella. Sólo en un caso parece volver a recuperar la voluntad de un tiempo, abandonando el aislamiento para dedicarse a la única actividad que puede darle la fuerza de romper con el reciente pasado: se traslada durante tres meses al estado de Oaxaca con la escritora española Constancia de la Mora; allí hace numerosas fotos de las mujeres indias y de su artesanía –que transmite una antiquísima cultura solar–, y vive durante varias semanas en las perdidas comunidades de Sierra Madre. Pero el libro no llegará a realizarse nunca a causa de la muerte de la escritora en un accidente aéreo, y las fotos se perderán.

Capítulo 30

En las primeras fases de las investigaciones, «Jackson» declara llamarse en realidad Jacques Mornard, de nacionalidad canadiense. Después resulta ser belga y, al final, soviético. Sólo cuando se descubre que su madre es española, Caridad Mercader del Río, se pondrán definitivamente en claro los orígenes del sicario estalinista.

La mujer se había trasladado primero a Bélgica y después a Francia, en donde habían crecido sus cinco hijos. Así se explica el perfecto francés de Ramón Mercader. Tras entrar en las filas de la GPU a través de una «célula especial» que operaba en 1928 en París y que dependía directamente de la Embajada soviética, Caridad había vuelto a España durante la guerra civil, dando diversas pruebas de su ciego fanatismo. Por tanto, Ramón se habría enrolado en las milicias comunistas de Cataluña, en donde uno de sus hermanos moriría en combate. En 1940, Caridad se marcha a Moscú para trabajar en la oficina de Beria, con la orden expresa de no hablar nunca de su hijo Ramón: debe perderse todo rastro de él con el fin de consolidar su nueva identidad y borrar totalmente su existencia anterior.

Pero la personalidad de Ramón Mercader no cumplirá las expectativas de quien lo creía un frío y decidido ejecutor de órdenes. Cuanto más se acerca al objetivo de la operación, más incertidumbre y miedo manifiesta. Hay testimonios que hablan de unos «distinguidos señores con acento extranjero» que solían ir a recogerlo a su domicilio de la capital mexicana y que, por la actitud que mostraban hacia él, daba la impresión de que querían apoyarlo y animarlo, como si tuviera que llevar a cabo algo de lo que intentaba huir. En una ocasión, el encuentro había asumido visos dramáticos: Mercader sufría una violenta crisis y sus *amigos* alternaban las amenazas con las promesas y las buenas maneras intentando que entrara en «razón».

Cuando Mercader ya no pueda sostener la tesis del simpatizante comunista horrorizado por la «traición antisoviética» de Trotski, admitirá haber actuado por encargo de la GPU. Pero lo hará porque lo han chantajeado, es decir, por salvar la vida de su madre, a la que mantienen como rehén en Moscú.

¿Pero qué relación puede haber entre los dos atentados?

En apariencia, parece absurdo que Siqueiros asalte la casa de Coyoacán cuando ya está en marcha un complicado plan preparado durante dos años de trabajo delicadísimo. Pero tal vez una de las explicaciones provenga de las crisis de Mercader, que se estaba mostrando menos fiable de lo previsto. También puede ser que en el proyecto inicial sus cometidos fueran mucho más sencillos: gracias a la familiaridad de que gozaba entre los vigilantes de la casa-fortín, su tarea era sólo hacer que le abrieran, permitiendo así a los asaltantes conducidos por Siqueiros irrumpir en el interior. Aquella noche le tocaba a Sheldon hacer el turno de guardia, y su desaparición era la única garantía para dejar abierta una segunda posibilidad. Matarlo en su puesto significaría confirmar que una persona a la que él conocía había llamado a la puerta, mientras que el secuestro habría hecho pensar en una probable traición por parte de él. La reacción de los defensores es más rápida de lo que habían previsto los atacantes, por lo que Siqueiros se retira sin la certeza de haber conseguido su objetivo. El no haber «quemado» a Mercader permitirá volver a intentarlo unos meses más tarde. El problema era transformar en un sicario a un hombre que creía que sólo debía servir de anzuelo para engañar a Silvia...

En marzo de 1941, Vidali es arrestado por hombres del Servicio de Seguridad Mexicano en los jardines de la Alameda Central, mientras observa desde lejos una manifestación de la derecha sinarquista. En el interrogatorio participa también un extranjero. Éste, con un marcado acento norteamericano, cruza al principio algunas frases en voz baja con el funcionario mexicano.

–¿Y de qué estaría acusado, entonces? –pregunta Vidali

El hombre que lo ha interrogado hasta ahora, un joven vestido de civil y de buenos modales, sonríe lanzando una ojeada al tipo que está apoyado en una esquina y que continúa fingiendo un total desinterés.

–Usted es un huésped en mi país. Y como seguramente sabrá, la ley le prohíbe inmiscuirse en los asuntos de política interior.

–¿Y pasear por la Alameda sería un «asunto de política interior»? –rebate Vidali subrayando sarcásticamente las últimas palabras.

El funcionario coge un folleto y se lo muestra.

—Esto estaba en uno de sus bolsillos, ¿no?

—Sí; ¿y qué?

El hombre hace un movimiento con la cabeza con la actitud bonachona de quien está reprendiendo a un chiquillo.

—Podría equivocarme, claro... pero tiene todo el aspecto de ser un fichero. Hay una lista con nombres de militantes y dirigentes sinarquistas, y nosotros querríamos saber con qué fin los ha anotado.

Vidali hace un gesto nervioso, reprime la imprecación que está a punto de escapársele, y dice gruñendo:

—Pero venga, ya está bien. Soy un periodista y lo mínimo que podríais encontrarme en el bolsillo es una lista de nombres. Me he encontrado por casualidad con aquella manifestación y he pensado escribir un texto. Si se deciden a hacer preguntas serias, estaré encantado de aclarar cualquier punto. En otro caso... exijo que avisen inmediatamente al ministro Téllez. Él puede responder de mi persona y de la actividad que realizo en su país.

Al oír nombrar al ministro del Interior, el extraño personaje que está presente en la conversación se crispa de un modo casi imperceptible. El funcionario mexicano, en cambio, guiña el ojo satisfecho.

—Estas actividades suyas —interviene el tipo con acento americano— ¿incluyen también el asesinato de refugiados políticos que su partido considera adversarios o, si lo prefiere, *traidores*...?

Vidali lo mira fijamente durante unos segundos. Después dirige la mirada al mexicano y pregunta:

—¿Puedo saber quién es este señor y por qué razón debería responder a sus preguntas?

—Sólo quiero cruzar con usted dos palabras de una forma totalmente confidencial —se apresura a aclarar el americano—. Usted puede muy bien negarse, pues yo no tengo ninguna autoridad para interrogarle. Y, en cierto sentido, tampoco estoy autorizado para estar aquí en este momento...

Vidali pone una expresión de asombro y, dirigiéndose al funcionario, hace un gesto con los brazos como para preguntar qué está sucediendo. El joven mexicano se encoge de hombros y dice:

—El señor trabaja para el Gobierno de un país amigo... es más, considerando la guerra que está teniendo lugar en Europa, tal vez dentro de no demasiado tiempo tengamos que decir de un país «aliado». Me ha pedido el favor de ponerle en contacto con usted, y... nos hemos sentido en el deber de hacerlo.

—Y para cruzar estas «dos palabras» con un agente del contraespionaje estadounidense, ¿era necesario que me detuvieran? —exclama Vidali.

—Digamos que se ha preferido evitar una citación oficial —interviene el americano, cogiendo a continuación una silla y sentándose enfrente de él.

Los dos se miran durante un largo rato. Hasta que el tipo saca un paquete de cigarrillos y le ofrece uno. Vidali acepta, deja que se lo encienda, y después le echa el humo a la cara con su habitual sonrisita desafiante. Y dice en voz alta para que le oiga el mexicano:

—Se halla en una situación óptima la soberanía nacional de este país...

—Por favor, no trate de discutir a toda costa —dice el americano en un tono humilde. Pero inmediatamente después se levanta, da una vuelta alrededor de Vidali, y añade cambiando de actitud:

—Usted trabaja para la Unión Soviética y puede contar con el total apoyo de la Embajada. Nosotros no queremos entrometernos en los problemas internos de Moscú y pretendemos lo mismo.

Vidali subraya las palabras del otro con teatrales gestos de asentimiento.

—También conocemos sus relaciones con algunos representantes del Gobierno mexicano, personas que gozan de toda nuestra estima, personal y política.

—¿De verdad? —dice Vidali—. Si dependiera de la gente como usted, las fronteras de los Estados Unidos estarían ya en Tierra del Fuego.

El otro finge no haber oído y continúa:

—Por todo lo que se ha descubierto hasta ahora, pensamos que el homicidio de León Trotski ha sido preparado y organizado en los Estados Unidos. Lo cual debe considerarse como una grave violación del principio de no intervención. A nosotros no nos interesan sus venganzas. Es más, si tuviera que expresar una opinión personal... cuanto más os asesinéis entre vosotros, menos nos molestaréis.

Vidali se levanta bruscamente. El tipo extiende los brazos en actitud de ataque. Pero el funcionario se levanta y da un manotazo en el escritorio. Después, con un gesto seco, les invita a que vuelvan a sentarse.

—Sabemos que usted ha vuelto a entrar con documentos falsos en los Estados Unidos —prosigue el americano—. Y lo ha hecho violando repetidamente la orden de expulsión dictada contra usted.

—¿Puede demostrarlo? —le ataja Vidali.

—No se preocupe por eso. Apenas tengamos la documentación necesaria, pediremos su extradición.

Vidali cruza una mirada con el funcionario, que hace un gesto vago, para tranquilizarlo.

—Yo estoy aquí para ofrecerle una salida —dice el americano inclinándose hacia delante—. Ayúdenos a reconstruir el plan que se ha seguido para llevar a cabo el homicidio, obviamente en la parte referente a mi país, y nosotros nos olvidaremos de usted y del papel que ha desempeñado en todo el asunto.

Vidali suelta una carcajada de escarnio.

–No infravalore a sus *amistades* –continúa el otro con el mismo tono monocorde– porque si decidiéramos elevar el caso de una forma oficial, descubriría a su costa de qué valen ciertas relaciones en el momento en que usted pueda constituir un problema embarazoso.

–Si estoy detenido –exclama Vidali dirigiéndose al funcionario– sólo responderé de mis acciones ante las autoridades mexicanas.

–Usted no se da cuenta de que le interesa evitar...

–Y usted todavía no ha entendido que para interrogarme una segunda vez deberá conseguir una orden de extradición –dice Vidali poniéndose de pie.

El agente americano permanece inmóvil durante unos segundos; después mira al funcionario, que adopta una expresión resignada. El tipo parece no saber si debe contestar algo; después coge la bolsa que había dejado en el suelo, se pone el sombrero y sale dando un portazo.

El oficial de los servicios mexicanos hace un gesto a Vidali para que espere. Cuando está seguro de que el otro ya está lejos, se acerca y le dice en voz baja:

–Pero entonces... ¿no se acuerda de mí?

Vidali lo observa sorprendido.

El joven le tiende la mano.

–Soy el hijo del senador Luis Monzón.

En ese momento, Vidali abre la boca para exclamar algo, pero se calla enseguida ante el gesto del otro.

–Dirijo este departamento de los Servicios de Seguridad. Siento todo lo que está sucediendo, pero nos ha sido imposible sustraernos a las presiones...

–¿Que me aconseja hacer? –pregunta Vidali, asumiendo una actitud de complicidad.

–Tener paciencia, nada más. Mi Gobierno ya está informado, no debe preocuparse. La Embajada soviética ha recibido garantías informales, todo está bajo control. Pero nos debe dar tiempo para llegar a una solución con los americanos. A ellos no les importa nada de lo que..., en suma, de los sucesos de Coyoacán. Pero quieren tener la absoluta certeza de que no les volverá a molestar en Nueva York o en cualquier otra parte de los Estados Unidos. ¿Me entiende?

—Creo que sí.

—Bien. Me veré obligado a retenerle algunos días, lo suficiente para tenerles contentos y, mientras tanto, deberé pensar en algo que les satisfaga sin perjudicarle a usted...

El encarcelamiento de «Enea Sormenti» no durará mucho. El senador Luis Monzón es un antiguo conocido suyo, y su hijo, oficial del contraespionaje mexicano, se muestra muy hábil en desviar las acuciantes peticiones de los agentes de Washington. Además, Siqueiros moviliza desde su residencia obligada a todas las relaciones políticas influyentes con las que puede contar: en unas horas cita en su estudio incluso al presidente de la república en persona, Ávila Camacho, que ha sucedido hace poco a Lázaro Cárdenas, y del cual obtiene garantías concretas sobre la suerte de Vidali.

Tina permanece encerrada en su refugio y no abre la boca cuando un militante del partido va a verla para ponerla al corriente de la situación. Isabel Carbajal, una joven militante comunista con la que Vidali convive desde hace varios meses, se ocupa de mantener las relaciones de éste con el exterior. Isabel consigue encontrar un lugar en una casa próxima a la cárcel de El Pocito, a pocos metros de la ventana de su celda, llevándole cada día las últimas noticias y recogiendo los mensajes que tiene que hacer llegar a los dirigentes del partido.

El presidente Ávila Camacho ordena la excarcelación de Vidali y, unas semanas más tarde, encuentra también una solución para Siqueiros. Liberarlo cuando aún no ha pasado un año del atentado es imposible, pero consigue del cónsul chileno Pablo Neruda un visado especial, por el cual la condena se le permuta por un exilio temporal.

El ministro del Interior García Téllez se encarga por su parte de poner en práctica la solución para el «caso Vidali»: le recibe en su despacho y le ofrece nuevos documentos para regularizar definitivamente su situación en el país. A cambio, pide la destrucción de los pasaportes que, según las conveniencias, Vidali ha utilizado para hacerse pasar por ciudadano uruguayo, austriaco, peruano, soviético, español. Así, por primera vez, se certifica la identidad de Vidali Vittorio, italiano, nacido en Muggia, periodista de profesión.

Vidali no puede negarse, pero comprende que ese «favor» en realidad es una forma discreta de neutralizarlo. Reconocer oficialmente su verdadera identidad significa limitar su acción obligándolo a no ocultarse detrás de los innumerables personajes de sus pasaportes. La libertad de movimientos, para él, se transforma en una sutil condena: de ahora en adelante, todo el mundo sabrá cuál es su nombre y su verdadera actividad; al menos mientras permanezca en México.

También el ex ministro español Jesús Hernández ha escogido México para su exilio. Un día se encuentra por casualidad con Tina y le confía su definitivo alejamiento de los ideales que le habían llevado a ser un ministro de la República española. «Stalin y su banda de asesinos han transformado la palabra *comunista* en un insulto.» Después le dice que ha escrito un libro de memorias, que enseguida será publicado, donde denuncia los distintos crímenes de la GPU durante la Guerra Civil. «He tenido que contar también lo que le hizo Vidali a Andrés Nin» añade esperando alguna reacción por parte de ella. Pero Tina se limita a asentir.

Pero al recordar Hernández que en cierta ocasión había hecho que detuvieran a Vidali después de un violento enfrentamiento con él y que los funcionarios de la GPU habían ordenado su inmediata liberación, Tina parece no poder contener la rabia y, con rencor inesperado, murmura:«Deberías haberlo fusilado. Habría sido una buena acción, te lo aseguro. Sólo es un asesino... y me ha arrastrado a un crimen monstruoso. Lo odio con toda mi alma. Y sin embargo... estoy obligada a seguirle hasta el final. Hasta la muerte.»

Capítulo 31

Después de largos meses de aislamiento, Tina vuelve a aparecer en público la noche de fin de año de 1942, aceptando la invitación de Pablo Neruda a una cena a la que asisten unas cien personas entre figuras políticas de varios países y exiliados de la guerra civil española. La reconocen muy pocos, y ella hace lo posible para mantenerse aparte y pasar desapercibida.

Pocos días después, la noche del 5 de enero, va a cenar a casa de Hannes Meyer que, huyendo de la represión nazi, se ha establecido en Ciudad de México. Los pocos amigos íntimos que se reúnen en la casa del arquitecto alemán consideran que es una especie de cena de despedida entre Tina y Vidali, pues todos están al tanto de la relación de este último con Isabel Carbajal. Vidali se retira temprano, diciendo que tiene que terminar algunos trabajos en la redacción de *El Popular*.

Hacia medianoche, Tina se siente mal. Dice que quiere volver a casa y pregunta al pintor Nacho Aguirre si puede buscarle un taxi. Aguirre no estaba entre los invitados, pero al vivir en la casa de al lado,

Meyer le había llamado precisamente porque estaba Tina, a la que no había vuelto a ver desde la época de Weston. Al principio, Aguirre trata de convencerla de que se quede, creyendo que se trata de una indisposición pasajera. Pero Tina se levanta y se dirige hacia la puerta con tal expresión de sufrimiento, que él se precipita a la calle para parar al primer taxi. Encuentra uno justo delante del portal y, cuando ella llega, le pregunta si no quiere que la acompañe. Ella hace un gesto negativo con la cabeza, se esfuerza por dirigirle una sonrisa y entra en el coche.

Hannes Meyer recuerda así el último saludo de Tina al salir de su casa: «Adiós, me dijo en italiano, después de una velada en que habíamos hablado de la música de Shostakovich, de la guerra contra los nazis, de las posibilidades de un viaje clandestino a través de Europa... Diez minutos después, yacía en un taxi, inmóvil, fría y sola.»

Una patrulla de policía encuentra el cadáver de Tina Modotti en el interior de un taxi que está abandonado en el arcén de una calle del centro. El chófer, localizado en los días siguientes, declarará que se había dejado llevar por el pánico al descubrir que la mujer estaba muerta.

Según una versión posterior de la policía, el mismo taxista la habría llevado ante el Hospital General, pues ella le había dado precisamente esa dirección y no la de su casa.

Más tarde, Tina será identificada por algunos amigos. Vidali desaparece de en medio durante algún tiempo: no figura entre las pocas personas que van a rendirle homenaje a la cámara mortuoria y ni siquiera asiste al funeral. Se justificará diciendo que ha querido evitar la campaña que la prensa ha desencadenado contra él. De hecho, en los periódicos aparece sin rodeos el titular «Típica eliminación estalinista», afirmando que podría tratarse de un envenenamiento. En los dos primeros días todos los artículos hablan de «su ex amante Carlos Contreras, cuyo verdadero nombre parece ser Enea Sormenti, despiadado agente de la GPU señalado como el presunto responsable del asesinato de Tina Modotti». Relacionan la muerte de Tina con el asesinato aún no aclarado de Julio Antonio Mella y con el más reciente de Trotski.

Las personalidades influyentes próximas al Partido Comunista se movilizan en defensa de Vidali, y el mismo Pablo Neruda, que en calidad de cónsul chileno goza de gran estima dentro de los ambientes gubernamentales mexicanos, difunde una poesía titulada *Tina Modotti ha muerto*, poniéndose abiertamente en contra de la hipótesis de homicidio. Después de un cúmulo de acusaciones en todas las primeras páginas, el nombre de Tina desaparece improvisamente de los periódicos al día siguiente de su funeral, al que asisten dirigentes del partido y de organizaciones sindicales, pero también funcionarios con representación oficial. El silencio de la prensa podría ser explicable por la delicada posición en que se encuentra México, que se ha puesto en contra de las potencias del Eje en la guerra que está teniendo lugar: la Unión Soviética es un país aliado, y señalar a sus agentes como asesinos significa poner en un grave aprieto al Gobierno.

Por tanto, no existe ningún «caso Modotti»: el informe médico habla simplemente de ataque cardíaco, y no se realiza la autopsia porque no hay pruebas para sospechar de un homicidio.

Algunos años más tarde, su hermano Benvenuto intervendrá en un periódico italo-americano para defender su idea de que Tina ha muerto de un ataque cardíaco.

> Mi hermana había venido a pasar dos meses a los Estados Unidos y, antes de volver a México, una noche se despidió de mí diciéndome adiós. «¿Por qué adiós y no hasta la vista?» le pregunté. Ella me respondió: «Imposible. Es como si ya estuviera muerta. Allí abajo, en México, no podré sobrevivir...»

Pero aquella frase, que Benvenuto considera la prueba de que su hermana sabía que tenía una grave enfermedad, puede ser interpretada de muchas formas.

Uno de los pocos conocidos que la trataron en los últimos meses, no descarta la hipótesis del suicidio: Tina se había convertido en muy poco tiempo en la sombra de la mujer inmortalizada por Weston, en una envoltura pasiva de todos los dolores causados por la época más intensa y violenta de este siglo. Apagada, exhausta, inexorablemente triste y silenciosa, destrozada por haber perdido la ilusión en un ideal que el poder ha transformado en locura paranoica, Tina habría escogido la única forma de huir de aquel lento morir de cada día...

La gata desaparece entre los tejados, un amigo español de Tina recoge a la perra, y Vidali se casa con Isabel Carbajal, que pronto tendrá un hijo, Carlos. Durante los años siguientes se le volverá a ver en medio de episodios oscuros y violentos enfrentamientos con exponentes de la oposición al estalinismo.

El 11 de enero de 1943, en Nueva York, matan con un tiro de revólver al sindicalista anarquista Carlo Tresca, que unos días antes había escrito una carta a su amigo Marcel Pivert denunciando la presencia de Vidali y la campaña difamatoria que éste había desencadenado contra él en los ambientes comunistas. El 1 de abril, numerosos refugiados de varias nacionalidades se reúnen en la capital mexicana precisamente para conmemorar la muerte de Tresca. Los locales del círculo, situados en el número 50 de la calle Venustiano Carranza son asaltados por un grupo de estalinistas armados, que destrozan la sala y atacan brutalmente a buena parte de los presentes. Pero el verdadero objetivo parece ser Víktor Serge, cuyo nombre gritan algunos hombres que empuñan ametralladoras y pistolas. El ex militante del POUM, Juan Austrich, consigue ponerlo a salvo arrastrándolo hasta las cocinas, donde se atrinchera mientras los proyectiles agujerean la puerta. Vidali, a quien muchos señalan como uno de los jefes del comando, lanza desde las páginas de *El Popular* una campaña denigratoria afirmando que desde las ventanas del círculo llegaban a la calle gritos de «¡Viva Franco! ¡Viva Hitler!», y que los asaltantes eran simplemente ciudadanos enfurecidos por el ultraje de aquellos «enemigos de la patria».

Como prueba de la premeditación, están las numerosas llamadas de teléfono llegadas a las redacciones de todos los periódicos unos minutos antes de la irrupción, realizadas por presuntos «transeúntes» que denunciaban una reunión de gente de ideología nazi en la calle de Venustiano Carranza.

Víktor Serge morirá en 1947; según el informe forense de un ataque cardíaco y dentro de un taxi.

En los últimos años había llevado a cabo un estudio exhaustivo, recogiendo datos científicos y testimonios directos, sobre el laboratorio secreto organizado por Yagoda en el que se preparaban sustancias letales capaces de provocar la muerte «por causas naturales»...

Además, los que defienden el homicidio político en el caso de Víktor Serge, sostienen que en los años cuarenta el sindicato de los taxistas estaba controlado por el Partido Comunista, que solía utilizarlos como servicio de orden en las manifestaciones y como pandillas de matones en las expediciones de castigo.

Capítulo 32

La tumba de Tina Modotti es un rectángulo de piedra gris deteriorada por el tiempo, perdida en una esquina del inmenso Panteón de Dolores, en la periferia noroccidental de Ciudad de México. Unos amigos anónimos la compraron en enero de 1942 y, al ser «perpetua», nadie se ha ocupado de ella desde entonces. La hierba crece muy alta a su alrededor y en las fisuras. El polvo y las hojas muertas hacen que resulte difícil encontrarla si no se ha preguntado antes en qué lugar está. Y para saberlo, es necesario buscar en el registro de las sepulturas dentro del archivo del cementerio, uno de los más grandes del mundo. El bajorrelieve con el perfil de Tina se halla corroído por la lluvia y el viento de medio siglo. Una grieta atraviesa la losa y las palabras de la última poesía dedicada a ella son casi ilegibles a causa de la capa de musgo.

Tina, hermana, no duermes, no, no duermes... Tal vez, tu corazón oye crecer la rosa de ayer, la última rosa... Descansa dulcemente, hermana... Puro es tu dulce nombre, pura es tu frágil vida... de sombra, fuego, nieve, silencio...

Tina Modotti, hermana, no duermes, no, no
                                    [duermes.
Tal vez tu corazón oye crecer la rosa
de ayer, la última rosa de ayer, la nueva rosa.
   Descansa dulcemente, hermana.

La nueva rosa es tuya, la nueva tierra es tuya:
te has puesto un nuevo traje de semilla profunda
y tu suave silencio se llena de raíces.
   No dormirás en vano, hermana.

Puro es tu dulce nombre, pura es tu frágil vida.
De abeja, sombra, fuego, nieve, silencio, espuma,
de acero, línea, polen se construyó tu férrea,
   tu delgada estructura.

El chacal a la alhaja de tu cuerpo dormido
aún asoma la pluma y el alma ensangrentada
como si tú pudieras, hermana, levantarte,
   sonriendo sobre el lodo.

A mi patria te llevo para que no te toquen,
a mi patria de nieve para que a tu pureza
no llegue el asesino, ni el chacal, ni el vendido:
   allí estarás tranquila.

¿Oyes un paso, un paso lleno de pasos, algo
grande desde la estepa, desde el Don, desde el
                                    [frío?
¿Oyes un paso firme de soldado en la nieve?
   Hermana, son tus pasos.

Ya pasarán un día por tu pequeña tumba
antes de que las rosas de ayer se desbaraten,
ya pasarán a ver, los de un día, mañana,
   dónde está ardiendo tu silencio.

Un mundo marcha al sitio donde tú ibas, hermana.
Avanzan cada día los cantos de tu boca
en la boca del pueblo glorioso que tú amabas.
   Tu corazón era valiente.

En las viejas cocinas de tu patria, en las rutas
polvorientas, algo se dice y pasa,
algo vuelve a la llama de tu dorado pueblo,
  algo despierta y canta.

Son los tuyos, hermana: los que hoy dicen tu
                             [nombre,
los que de todas partes, del agua y de la tierra,
con tu nombre otros nombres callamos y de-
                             [cimos.
   Porque el fuego no muere.

Pablo NERUDA
Residencia en la tierra

TINA MODOTTI

A Vittorio Vidali, comandante Carlos

Yo sabía de ti, Tina Modotti,
de tu nombre precioso, de tu gracia,
de tu fina y dulcísima presencia,
mucho antes de verte, de encontrarte
cualquier noche de guerra, una mañana
madrileña de sol, en esos días
en que se alzaba el Quinto Regimiento
como el inmenso brote de una espiga
que se abriera cubriendo los campos de batalla.

Apenas si te vi. Pero me basta
recordarte sabiendo lo que eras:
el humano fervor de tus fotografías,
rostros tristes de México, paisajes,
ojos de amor para fijar las cosas.

Tú vives entre todos, no es preciso
pensarte lejos en ninguna tierra.
Tu tierra está en el aire que nos trae
la luz dichosa de tu bello ejemplo.

Es verdad. No estás muerta. Tú no duermes
porque lograste al fin lo que querías.
Dame la mano, hermana, caminemos.
Hoy has de hablar aquí. Te escuchamos.

Rafael ALBERTI
Madrid, julio de 1978.
© Rafael ALBERTI

TÍTULOS DE LA COLECCIÓN